AF525741

# EXIL

Eva Rex

# RETTET DEN GESUNDEN MENSCHENVERSTAND!

## Hannah Arendt im Mehrheitsdiskurs

edition buchhaus loschwitz

**Impressum**

© edition buchhaus loschwitz 2020

2. Auflage 2021

Alle Rechte bei der Autorin.

Friedrich-Wieck-Straße 6, 01326 Dresden

www.kulturhaus-loschwitz.de

Druck: B. KRAUSE GmbH

Druckerei · Kartonagen · Verlag

Satz und Gestaltung: impulsar-werkstatt.de

ISBN 978-3-9822049-2-5

# Inhalt

schrecklich Entstellte, hilflos im
Koma liegend unter Schläuchen und
pumpenden Maschinen, mich stapelnde
Leichensäcke,

# I

Analysen, Zustandsbeschreibungen und Lagesondierungen der gegenwärtigen westlichen Gesellschaften finden wir in der aktuellen Publizistik zuhauf. Sie erleben aufgrund der allerorten zu verzeichnenden gesellschaftlichen Verwerfungen eine außerordentliche Hochkonjunktur. Gern beruft man sich dabei auf von der Historie nobilitierte Theoretiker, deren zutreffende Prognosen uns so manche Aha-Momente bereiten. Man denke nur an Oswald Spengler, Arnold Gehlen, Edmund Burke und Alexis de Tocqueville. Eine Stimme im Chor vorangegangener Propheten allerdings wird allzu oft vergessen, oder sagen wir: geflissentlich ignoriert – vielleicht weil die Autorität ihrer Sprecherin gemeinhin für etwas anderes verwendet wird als für kulturkonservative Ideologiekritik: Hannah Arendt. Zwar begegnet sie uns regelmäßig in den Feuilletons, wenn es darum geht, Demokratie zu retten und autoritäre Strukturen zu entlarven – so wurden ihre Schriften in den USA nach der Wahl von Donald Trump pflichteifrig gegen den Rechtspopulismus in Stellung gebracht. In der deutschen Presse taucht sie wahlweise auf als: intellektuelle Rebellin, verfolgte Jüdin, die den Staat Israel kritisierte, Fürsprecherin aller Flüchtlinge und Diskriminierten, feministisches Vorbild für Frauen, die sich in einer Männerdomäne zu behaupten versuchen, Vordenkerin für Partizipation und Pluralität, ja sogar als Pionierin für post-koloniale Studien … So nimmt es nicht Wunder, dass auf konservativer Seite bei Nennung ihres Namens eher gefremdelt wird. Sehr zu Unrecht.

Hannah Arendt, die Zeit ihres Lebens die *Conditio humana* beschwor und nach Bedingungen für das Zustandekommen der *res publica* forschte, hat in ihren Werken allgemeine, allen modernen Gesellschaftssystemen zugrundeliegende Wirkungsmomente herausgearbeitet, deren Deckungsgleichheit mit jenen Triebkräften, die heutzutage die öffentliche Meinung bestimmen, so überwältigend ist, dass ihre Aussagen auf uns geradezu beklemmend wirken. Befreien wir Hannah Arendt von mainstreamlinker Vereinnahmung und einseitiger Ausrichtung. Es lohnt sich bei ihr nachzuschlagen.

Doch zunächst halten wir einen Moment inne. Werfen wir einen Blick auf die uns umgebende Wirklichkeit und stellen uns einige Fragen, die in der Luft zu liegen scheinen:

Warum werden wir den Eindruck nicht los, dass immer größere Teile unserer Mitmenschen in einer

Parallelwelt leben? Wie kommt es, dass die meisten Mitglieder der westlichen Gesellschaften so merkwürdig apathisch und desinteressiert an ihrem eigenen Geschick agieren und ihrer eigenen Verdrängung (als Volk, als Nation, als Kultur) entgegensehen, ja diese sogar beklatschen? Woher kommt die Verblendung und Leichtgläubigkeit gegenüber den Gaukeleien der etablierten Medien, oft entgegen besseren Wissens? Warum sind moderne Menschen trotz ausdifferenzierter Individualisierung und Aufgeklärtheit so empfänglich für ideologische Großkonzepte wie *Gleichstellung, Multikulturalismus* und *Kampf gegen den Klimawandel* und lassen sich entgegen ihren eigenen Interessen für deren Etablierung mobilisieren? Warum begegnen uns gerade in Gestalt von Intellektuellen und Künstlern die fanatischsten Befürworter dieser neuen Ideologien, statt dass die geistige Elite, wie es ihrer Aufgabe entspräche, diese kritisch und distanziert hinterfragt? Wie kann es sein, dass Menschen, die in ihrem Alltag erleben, dass *Vielfalt* und Einwanderung alles andere als eine Bereicherung sind, mit großer Beharrlichkeit das Gegenteil behaupten? Warum verlassen sich Zeitgenossen, auch wenn sie täglich von neuen Messerattacken erfahren, ausgerechnet auf jene Statistiken und Studien, die belegen, dass Gewalt im Allgemeinen und migrantische Gewalt im Besonderen rückläufig sei? Wie erklärt sich der paradoxe Glaubensgrundsatz, dass islamistische

Anschläge nichts mit dem Islam zu tun haben? Wie ist es zu verstehen, dass Menschen, die sich ganz selbstverständlich als Männer und Frauen begreifen, das neue Dogma von der *Konstruiertheit der Geschlechter* hinnehmen? Wie kommt es, dass so viele sich nicht mehr auf ihre eigene Wahrnehmung verlassen und auch nicht den Mut haben, sich ihres eigenen Verstandes zu bedienen, sondern darauf, was vermeintliche Autoritäten ihnen vorbeten? Warum lassen sie sich weismachen, dass Hinwendung zu den denkbar Entferntesten Nächstenliebe sei, aber die Sorge um das Wohl der Nächsten purer Hass? Warum lassen sie sich immer häufiger die absurdesten Lügen auftischen und glauben mit verzweifelter Inbrunst an sie? Kurz gesagt: Wie kommt es, dass bestimmte verrückte Ideen massenhaft Plausibilität gewinnen, ohne dass ihnen unbeschadet widersprochen werden kann?

In dem Buch »Elemente und Ursprünge totaler Herrschaft« werden wir fündig. Im dritten Teil (dem Herzstück!) dieser, bereits 1951 erschienen, monumentalen 1000-Seiten-Abhandlung, untersucht Hannah Arendt die gemeinsamen politischen Merkmale moderner totalitaristischer Systeme, für die sie, dem damaligen (vorläufigen) Stand der Dinge zufolge, zwei Beispiele nennt: den Nationalsozialismus und den Stalinismus. Zur großen Überraschung der Gelehrtenwelt (und auch zu deren Unmut), klassifizierte sie all die anderen modernen Diktaturen und

Militärherrschaften, die zur gleichen Zeit in Europa in Erscheinung getreten waren, wie beispielsweise den italienischen Faschismus, ausdrücklich nicht als totales System, denn dafür bräuchte es ihr zufolge ganz bestimmte Elemente, die gewöhnliche Diktaturen nicht aufwiesen. Im Gegensatz zur herkömmlichen Tyrannis beruhe die totale Herrschaftsform nämlich nicht auf dem Prinzip der einschüchternden Gewaltausübung, sondern auf einer den Menschen mobilisierenden Ideologie. Nach Arendt kann sich jede beliebige Ideologie zu einem totalitären System auswachsen. Als Voraussetzung für die Ausbildung eines solchen Systems nennt sie die Durchdringung aller Lebensbereiche mit eben jener Ideologie und deren Anspruch auf allumfassende Geltung. Die politische Durchsetzung wird durch eine Massenbewegung (und nicht durch einen Staatsstreich) in Gang gesetzt und läuft auf freiwillige Unterwerfung hinaus. Ziel aller Anstrengungen ist die Verwirklichung der Fiktion als angebliches Gesetz der Geschichte. Dabei geht es weniger um Unterdrückung und Vernichtung, auch nicht um Machterhalt einer despotischen Clique (das wäre die klassische Tyrannei), als vielmehr um die Entschlossenheit, einen neuen Menschen zu erschaffen, dem allein die Zukunft gehört. Die Exekution dieser geschichtlich vorgezeichneten Entwicklung ist Grundlage der sich unablässig erneuernden *Bewegung*, die ein immer reineres und vollkommeneres Ideal hervorbringen soll. Es handelt sich um ein eschatologisches – obgleich jede Transzendenz entbehrendes – Fortschreiten hin auf eine nie zu erreichende Utopie.

Kernelement in Arendts Ausführungen ist die veränderte Wirklichkeitswahrnehmung des modernen Massenmenschen:

> *Die Mentalität moderner Massen vor ihrer Erfassung in totalitären Organisationen (…) beruht darauf, dass (sie) an die Realität der sichtbaren Welt nicht glauben, sich auf eigene, kontrollierbare Erfahrungen nie verlassen, ihren fünf Sinnen mißtrauen und darum eine Einbildungskraft entwickeln, die durch jegliches in Bewegung gesetzt werden kann, was scheinbar universelle Bedeutung hat und in sich konsequent ist. Massen werden so wenig durch Tatsachen überzeugt, dass selbst erlogene Tatsachen keinen Eindruck auf sie machen. Auf sie wirkt nur die Konsequenz und Stimmigkeit frei erfundener Systeme, die sie mit einzuschließen versprechen.*[1]

Liest man diese Zeilen, wird einem etwas flau zumute, erinnern sie doch sehr an heutige Phänomene wie kognitive Dissonanz, Realitätsverlust, Wunschdenken, das Verwechseln von Utopie mit Wirklichkeit, das Ausüben und Erdulden von Gaslighting-Praktiken, verschiedene Formen von Wirklichkeitsverdrehungen,

-umdeutungen sowie -verweigerungen, das Heißlaufen der Wahrheitsapparate und alle übrigen Maßnahmen, die den Menschen vor der unermesslichen Gefahr eigener Erkenntnis schützen sollen.

Natürlich ist es eine fragwürdige Angelegenheit, wenn man Analysen, die in der ersten Hälfte des 20. Jahrhunderts Geltung hatten, unserer Zeit überstülpt. Das Scheitern der Weimarer Republik, die Wirren der nachrevolutionären russischen Gesellschaft lassen sich nicht ohne weiteres auf unsere Gegenwart übertragen. Die Welt damals war eine andere, es galten andere historische und soziale Zusammenhänge. Dass Geschichte sich nicht wiederholt, und auch nicht die ihr zugrunde liegenden Parameter, ist eine Binsenweisheit. Und doch scheint es nicht zu verwegen, abseits der spezifischen Kausalitäten, die für die Ausbildung des Nationalsozialismus und des Stalinismus verantwortlich waren, auf jene übergeordneten, die Wahrnehmung und das Bewusstsein bestimmenden Merkmale einzugehen, die Hannah Arendt auch für künftige Formen totaler Herrschaft kennzeichnend hielt.

Welche sind das?

Grundlage und Voraussetzung der totalitär strukturierten Herrschaft ist eine atomisierte Gesellschaft, die die moderne Massengesellschaft bildet. Sie besteht aus einem unzusammenhängenden Gefüge, das nach der Zerschlagung der Klassen- und Ständegesellschaft entstanden und weder nach Klasseninteressen noch sonstigen Interessen organisiert ist. Kennzeichnend für den modernen Massenmenschen ist, dass er in einem sozialen Vakuum lebt – er hat keine Bindungen, ist nicht einmal in eine feste familiäre Struktur eingebunden. Kontaktlosigkeit und der Verlust gemeinsamer Werte (Tugenden, Moral, Normen, Sitten und Eigentümlichkeiten) führen zur Isolation des Individuums. Dieses findet keinen gemeinsamen Nenner mit dem Rest der Gesellschaft – Entfremdungserfahrung ist die Folge, welcher mit weiterer Ausdifferenzierung, Individualisierung und Rationalisierung der privaten Angelegenheiten begegnet wird. Aus dieser spezifischen Orientierungs- und Bindungslosigkeit ergibt sich ein dem modernen Massenmenschen eigentümlicher Mangel an Urteilskraft. Dieser wiederum führt dazu, dass der Einzelne sich in seiner Meinungsbildung über alle eigene Erfahrung hinwegsetzt, Wahrheit nicht mehr von Fiktion unterscheiden kann und sich alles Mögliche vormachen lässt, so dass geschickt angelegte Propaganda leichtes Spiel hat, im großen Maßstab Fälschungen als Tatsachen zu etablieren. Es kommt zu einem eklatanten Wirklichkeitsverlust und einer Abkehr vom *gesunden Menschenverstand,* der die Funktion eines verlässlichen Kompasses verliert. Vor diesem Hintergrund wirkt sich die dem modernen Großstadtmenschen innewohnende Mischung aus Leichtgläubigkeit und Zynismus verheerend aus, da die Massen angesichts der Undurchschaubarkeit einer überkomplex gewordenen Welt Gefahr laufen, Irrealitäten für wahr zu nehmen, wenn diese als objektiv-wissenschaftliche Erkenntnis ausgegeben werden. Der moderne Mensch, für den nichts neu ist, der schon alles kennt, ist jederzeit bereit, sich belügen zu lassen, wenn es nur sein Bedürfnis nach Zerstreuung und blasiertem Sich-Überlegen-Fühlen stillt. Die Inkaufnahme von bewusst herbeigeführter Täuschung, der Verzicht auf eigenes Urteilen, die Vernachlässigung der eigenen Wahrnehmung ist das, was Arendt die Revolte der Massen gegen den Wirklichkeitssinn des *gesunden Menschenverstandes* nennt. Diese Revolte ist nicht gleichbedeutend mit Dummheit. Im Gegenteil. Vermeintliche Aufgeklärtheit und dünkelhaftes Besserwissen sind vor allem in Großstadtmilieus mit hohem Bildungsstandard zu beobachten, wo moderne Mythenbildung einen besonderen Resonanzraum erfährt:

> *Das Beisammensein von Leichtgläubigkeit und Zynismus war charakteristisch für die Mobmentalität, bevor es eine alltägliche Erscheinung moderner Massen wurde. In beiden Fällen entstand diese Mischung dort, wo Menschen in einer ständig wechselnden und immer unverständlicher werdenden Welt sich darauf eingerichtet hatten, jederzeit jegliches und gar nichts zu glauben, überzeugt, dass*

*schlechterdings alles möglich sei und nichts wahr. Das Beisammensein von Leichtgläubigkeit und Zynismus war an sich merkwürdig genug, denn es bedeutete das Ende jener Illusion, derzufolge Leichtgläubigkeit das Zeichen primitiver »ungebildeter« Menschen, während Zynismus das Laster souveräner und raffinierter Geister sei. Diesem Vorurteil macht die Massenpropaganda insofern ein Ende, als sie mit außerordentlichem Erfolg ein Publikum voraussetzt, das jederzeit bereit ist, leichtgläubig alles hinzunehmen, und sei es noch so unwahrscheinlich, und es doch nicht im mindesten verübelt, wenn der Betrug sich herausstellt, weil es offenbar jede Aussage ohnehin für eine Lüge hält.*[2]

Als überaus bemerkenswert sticht bei Hannah Arendt der Topos des *gesunden Menschenverstandes* hervor, der ihre gesamte Argumentation wie ein roter Faden durchzieht. Postmodern verdorbenen Gemütern mag dies anstößig erscheinen. Ehemals als ein Zeichen für Reife und allgemeine Erkenntnisfähigkeit, wird dieser Begriff heutzutage wie selbstverständlich als Ausdruck für vor-rationales und vorurteilsbeladenes Denken diffamiert und gern in die Nähe des Nazi-Vokabulars gerückt. Stets wird auf seine missverständliche und missbräuchliche Verwendung hingewiesen, um am Ende zu dem Schluss zu kommen, dass es das Klügste sei, ganz auf ihn zu verzichten.

Warum wohl?

Es muss als bewährte Methode aller ideologischen Bewegungen angesehen werden, Menschen, die im Zuge permanenter Umwälzungen und Umdeutungen bereits haltlos geworden sind und sich von allen verlässlichen Strukturen entkoppelt haben, auch noch ihr ureigenstes Navigationsgerät abzusprechen: die eigenen fünf Sinne. Hannah Arendt wurde nicht müde, die in der Moderne ausgeprägte Tendenz zu kritisieren, den *gesunden Menschenverstand* durch wissenschaftliche und technologische Verfahren zu ersetzen. Denn zum einen erfüllt dieser die Funktion einer sinnstiftenden Instanz innerhalb eines gemeinschaftlichen Gefüges, das sich auf Allgemeingültiges geeinigt hat, umgekehrt bildet sein Verlust, bzw. seine Negierung besten Nährboden für eben jene ideologiedurchsetzten Bewegungen:

> *Die Revolte der Massen gegen den Wirklichkeitssinn des gesunden Menschenverstandes und das, was ihm im Lauf der Welt plausibel erscheint, ist das Resultat einer Atomisierung, durch die sie nicht nur ihren Stand in der Gesellschaft verloren, sondern mit ihm die ganz Sphäre gemeinschaftlicher Beziehungen, in deren Rahmen der gesunde Menschenverstand allein sinngemäß funktionieren kann. In einer Situation völliger geistiger und sozialer Heimatlosigkeit ergibt eine wohlabgewogene*

*Einsicht in die gegenseitige Bedingtheit des Willkürlichen und des Geplanten, des Zufälligen und des Notwendigen, durch die sich der Lauf der Welt konstituiert, keinen Sinn mehr. Nur wo der gesunde Menschenverstand seinen Sinn verloren hat, kann ihm totalitäre Propaganda ungestraft ins Gesicht schlagen.*[3]

Die Atmosphäre allgemeiner Zersetzung, die entsteht, nachdem eine ehemals wohlgefügte Gesellschaft in ihre Einzelteile zerfallen ist, der Verlust gemeinschaftlicher Beziehungen, die (wissenschaftlich gestützte) Absage an die eigene Wahrnehmungsfähigkeit haben indes noch weitere Auswirkungen, nämlich Selbstlosigkeit und Desinteressiertheit am eigenen Wohlergehen. Was ist damit gemeint? Ein Einzelteilchen, das im luftleeren Raum schwebt, das keine Bindungen aufbauen kann, das auf sich selbst zurückgeworfen ist, und dem es verwehrt ist, seine (beklagenswerte) Lage wahrzunehmen, ja dem es sogar verwehrt ist, den eigentlichen Verlust als solchen zu erkennen, wird notwendigerweise an der Integrität und Unverwechselbarkeit des eigenen Selbst zweifeln. Am Ende wird es das eigene Selbst verlieren:

*Der Egozentrismus (der modernen Massen) konnte keine gemeinsamen Interessen entstehen lassen, und er war daher sehr oft mit einer typischen Schwächung des Instinkts der Selbsterhaltung verbunden. Selbstlosigkeit, nicht als Güte, sondern als Gefühl, dass es auf einen selbst nicht ankommt, dass das eigene Selbst jederzeit und überall durch ein anderes ersetzt werden kann, wurde ein allgemeines Massenphänomen.*[4]

Die Rede ist von Selbstlosigkeit als Ausfluss von Verlassenheit. Einer Verlassenheit, die entsteht, wenn kein Gegenüber die eigene Wirklichkeit verlässlich bestätigt und die eigene Identität nicht mehr aufrecht erhalten werden kann. In dieser Verlassenheit gehen, nach Arendt, Selbst und Welt, echte Denkfähigkeit und echte Erfahrungsfähigkeit, gemeinsam zugrunde. Radikaler Selbstverlust und Apathie machen sich breit:

*Diese Menschen konnte man nicht mehr zu politischen oder revolutionären Aktionen bewegen, indem man ihnen sagte, dass sie nichts zu verlieren hätten als ihre Ketten; sie hatten bereits sehr viel mehr verloren als die Kette des Elends und der Ausbeutung, als das Interesse an sich selbst ihnen aus der Hand geschlagen wurde. Ihr materielles Elend war zumeist durchaus erträglich dank der Sozialversicherung moderner Staaten, aber das gab ihnen die verlorene Beziehung zu einer gemeinsamen Welt nicht wieder. Mit dem Verlust der gemeinsamen Welt hatten die vermassten Individuen die*

*Quelle aller Ängste und Sorgen verloren, die das menschliche Leben in der Welt nicht nur bekümmern, sondern es auch leiten und dirigieren. Sie waren in der Tat nicht »materialistisch« und reagierten auf materialistische Argumente nicht mehr, weil selbst rein materielle Vorteile in dieser Situation ein gut Teil ihres Sinnes verloren.*[5]

Auffällig beim Entstehen und Sich-Verfestigen der neuen Ideologien, die die Grundlage für eine Massenbewegung bilden, ist die Anfälligkeit der geistigen Elite für diese Art von Ideen. Sie werden mit großer Bereitwilligkeit aufgegriffen und unter Aufbietung aller zur Verfügung stehenden Mittel propagiert, was aber nicht auf Weltfremdheit und Naivität zurückzuführen ist. Im Gegenteil. Überzeugt, dass traditionelle Großerzählungen Fälschungen – Konstrukte – sind, zeigen sich die geistigen Eliten fasziniert von der Durchsetzungskraft und Folgerichtigkeit frei erfundener Systeme und fühlen sich, werden sie an deren propagandistischer Ausbreitung beteiligt, intellektuell geschmeichelt:

*Denn die Anziehungskraft der Massenbewegungen wirkte auf die europäische Bildungsaristokratie mindestens ebenso stark wie auf alle anderen Schichten der Bevölkerung; manchmal möchte es fast scheinen, als ob gerade die eigentliche Elite der europäischen Kultur für die eigentümliche Selbst-*

*verlorenheit und das Aufgeben der individuellen Eigentümlichkeit, die in den Massenbewegungen sich vollzieht, besonders anfällig ist. (…) Diese verbreitete Meinung (…) übersieht, dass die Intellektuellen notwendigerweise die Formulierer und geistigen Repräsentanten auch dieser Bewegung wurden, nicht weil sie von ihnen mehr, sondern weil sie von ihnen ebenso stark angezogen wurden wie alle anderen, nur dass sie im Unterschied zu den anderen artikuliert genug waren, typische Meinungen und Einstellungen zu formulieren und in Weltanschauungen zu kristallisieren.*[6]

Hand in Hand mit der eigenen, schwach ausgebildeten Urteilskraft geht die Sehnsucht moderner Massen nach wissenschaftlichen Beweisen. Dass damit auch einer Pseudowissenschaftlichkeit der Weg geebnet wird, die jeden wissenschaftlichen Anspruch zunichte macht, stört sie nicht:

*Im Gegensatz zu den buchstäblich von Tag zu Tag wechselnden taktischen Lügen totalitärer Führer sind diese ideologisch verankerten Lügen unantastbar. Sie werden mit sorgfältig ausgearbeiteten Systemen pseudowissenschaftlicher Beweise geschützt, die dem Außenstehenden nicht einzuleuchten brauchen und doch Zeugnis für ein gewisses Bedürfnis nach Beweisen (…) ablegen.*[7]

Darin drückt sich eine Form von Wissenschaftsversessenheit aus, der es weniger um Erkenntnisgewinn als vielmehr um die gesicherte Voraussehbarkeit alles Geschehenden geht. Mit Hilfe *wissenschaftlicher Beweise* soll die Unvorhersehbarkeit individueller Handlungen und Reaktionen eliminiert werden. Wissenschaft wird dazu benutzt, die Menschen gemäß der neuentdeckten Naturgesetze ihrem geschichtlich vorgezeichneten Prozess anzupassen. Wir haben es also mit wissenschaftlichem Determinismus zu tun:

> *Leider ist die Pseudowissenschaftlichkeit der Massenpropaganda sehr viel ernsterer Natur und entspricht in sehr viel exakterer Weise den eigentlichen Wünschen der Massen als die Massenreklame. Im Gegensatz zu älteren Formen politischer Propaganda, die dazu neigte, sich auf die Vergangenheit zu berufen, um Gegenwärtiges zu rechtfertigen, benutzt totalitäre Propaganda die Wissenschaft, um die Zukunft zu prophezeien.*[8]

Alles in allem äußert sich in totalitären, wissenschaftlich begründeten Massenbewegungen eine tief verankerte Verachtung der Wirklichkeit, die sich sogar über Zweckmäßigkeitserwägungen hinwegsetzt. Die Verachtung des eigenen Selbst, die Missachtung der Wirklichkeit sowie die Geringschätzung utilitaristischer Leitlinien, die bislang in der Politik und im

Leben des einzelnen eine Rolle spielten, werden zugunsten einer neuen, alles überwölbenden Ideologie hinweggefegt.

> *In der totalitären Welt und in der totalitären Politik spielen weder Profitmotive noch Machthunger eine entscheidende Rolle, und wenn die totale Herrschaft danach trachtet, ihr Territorium zu erweitern und immer neue Gebiete sich einzuverleiben, bis schließlich die Herrschaft über die Erde erreicht ist, so nicht um der Expansion und nicht der Macht selbst willen, sondern einzig aus ideologischen Gründen.*[9]

Diese Ideologie wird, nachdem alle herkömmlichen Sinnzusammenhänge zerstört worden sind, dazu herangezogen, einen Suprasinn zu errichten, der weltumspannende Gültigkeit hat. An ihm soll sich alles Lebendige ausrichten, es ist nichts weniger als das Projekt einer Transformation der menschlichen Natur. Das Endstadium der Geschichte, d. h. das Ende allen politischen Handelns ist erreicht, wenn es gelingt, die Bevölkerungsmassen so zu organisieren, dass sie alle zusammen einen Menschen ergeben.

> *In der Verachtung der totalitären Gewalthaber für positives Recht spricht sich eine unmenschliche Gesetzestreue aus, für welche Menschen nur das*

*Material sind, an dem die übermenschlichen Gesetze von Natur und Geschichte vollzogen und das heißt hier im furchtbarsten Sinne des Wortes exekutiert werden. Diese Exekution der objektiven Gesetze von Natur oder Geschichte soll schließlich die Menschheit produzieren.*[10]

Woran erinnert uns das?

# II

Was haben uns Hannah Arendts Überlegungen heute zu sagen?

Am Beispiel dreier Punkte soll dieser Frage nachgegangen werden:

## 1.

Wir leben in einer Massengesellschaft, die sich immer weiter fragmentiert. Orientierungs- und Haltlosigkeit nehmen zu, gleichzeitig urteilen wir immer mehr, äußern Meinungen zu jedem Sachverhalt, doch wer verfügt noch über echte Urteilskraft, wenn die Basis für Denkfähigkeit, die sich, nach Hannah Arendt, in Erfahrungsfähigkeit begründet, weggebrochen ist?

Dass sich diese gar nicht erst ausbildet, dafür sorgt der Ablenkungsschirm elektronischer Medien. Welche Erfahrungen sollten wir auch machen, wenn uns suggeriert wird, dass es irrtümlich und gefährlich ist, sich auf die eigene Wahrnehmung zu verlassen und die Austreibung des *gesunden Menschenverstandes* in großem Maßstab betrieben wird? Wenn wir fortwährend auf den *sechsten* (digitalen) *Sinn* und auf das Urteil von *Experten* verwiesen werden? Zudem sind wir als Angehörige der *Wissensgesellschaft* viel zu abgeklärt. Wir wissen bereits alles, noch bevor wir unsere Augen anstrengen. Abgeklärtheit ist jedoch nicht Aufgeklärtheit, sondern deren Umkehrung.

Seinen eigenen Sinnen nicht zu trauen, den eigenen Verstand nicht zu gebrauchen, bedeutet indes freiwillig unmündig zu werden. Ein freiwillig unmündig gewordenes Subjekt begibt sich unter die Obhut von jenen, die es besser wissen und Träger vermeintlich unumstößlicher *Wahrheiten* sind. Bleibt ihm denn etwas anderes übrig, nachdem alle verlässlichen und metaphysischen Autoritäten und Instanzen (Gott, Kirche, der König) abhanden gekommen sind und sich als Orientierungshilfe nur noch die Wissenschaft anbietet? Eine Wissenschaft freilich, die, vermittelt durch die Vulgärapparate der Medienpropaganda schnell Gefahr läuft, zur Pseudowissenschaft zu verkommen. Und so nimmt in einer Zeit, in der der Glaube an die Wissenschaft den Glauben an Gott ersetzt hat, paradoxerweise die Leichtgläubigkeit zu, in der wir Statistiken wie Orakel bestaunen und Studien mehr vertrauen als unserem inneren Kompass.

Was sind das für *Experten,* denen wir uns ausliefern, und welche *Wahrheiten* verkünden sie?

Es sind jene, die uns lehren, dass tradierte Gewissheiten keine Gültigkeit mehr haben, da sie als Irrtümer oder Vorurteile anzusehen sind: Es gibt keine eindeutig definierten Geschlechter, keine natürlich definierte sexuelle Orientierung. Das Erkennen von schwarzer und weißer Hautfarbe beruht auf Sinnestäuschung (worauf sonst?) und das Beharren auf der Existenz von Völkern und Kulturen auf Chauvinismus. Es sind jene, die uns versichern, dass der Islam eine Religion des Friedens ist und unsere eigene Religion eine nicht enden wollende blutige Kriminalgeschichte. Jene, die verkünden, der demografische Wandel sei nicht aufzuhalten, da ein Naturgesetz – im Gegensatz zum Klimawandel, denn der sei menschengemacht. Wir haben es mit *Experten* zu tun, die uns allen Ernstes weismachen wollen, dass die Welt an unseren Sünden ($CO_2$-Ausstoß) zugrunde gehen wird, sollten wir nicht rechtzeitig bereuen, Buße tun und umkehren. Damit wird einer besonders perfiden Form von Okkultismus Vorschub geleistet – und dies in einer Gesellschaft, die hochtechnisiert und hochspezialisiert ist und die scheinbar jedem Aberglauben abgeschworen hat.

Staunend sehen wir uns einem Zusammenschluss von Wissenschaftlern, Politikern, Künstlern und Medienschaffenden gegenüber, die täglich und mit großem Erfolg die Simulation einer kunterbunten Bilderbuchwelt betreiben. Einer Welt, die gewiss in sich stimmig, folgerichtig und, wie Hannah Arendt sagen würde, zwingend evident ist – aber nur in der Theorie.

Die Praxis hingegen kann niemals ausprobiert werden, da sich immer wieder Menschen finden, die dumm oder niederträchtig (oder nicht leichtgläubig genug) sind und sich gegen die schöne Idylle zur Wehr setzen (die Theorie ist perfekt, die Welt könnte es auch sein, wenn da nicht die rechten Störenfriede und Populisten wären ...). Es sind *Experten* am Werk, deren Pseudowissenschaftlichkeit mittels Selbstimmunisierung und bewusst gesetzter Undurchschaubarkeit sektenartige Strukturen angenommen hat (sie ist so wissenschaftlich, dass niemand sie widerlegen kann, nicht einmal die Wissenschaft selbst). Es sind *Experten,* die nicht müde werden, alles und jedes zu *dekonstruieren,* auch dann noch, wenn es bereits in Trümmern liegt.

Auf die Dekonstruktion freilich folgt die Konstruktion – einer Ersatzwelt, die mit neuem Sinn ausgestattet wird.

Um es mit den Worten von Arendt zu sagen:

> *Während so die totale Herrschaft einerseits alle Sinnzusammenhänge zerstört, mit denen wir normalerweise rechnen und in denen wir normalerweise handeln, errichtet sie andererseits eine Art Suprasinn, durch den in absoluter und von uns niemals erwarteter Stimmigkeit jede, auch die absurdeste Handlung und Institution ihren »Sinn« empfängt. Über die Sinnlosigkeit der totalitären Gesellschaft thront der Suprasinn der Ideologien,*

*die behaupten, den Schlüssel zur Geschichte oder die Lösung aller Rätsel gefunden zu haben.*[11]

## 2.

Mangelnde Urteilskraft sowie das Versagen der eigenen Wahrnehmungs- und Erfahrungsfähigkeit führen in direkter Linie zum Schwund von Selbsterhaltungsinstinkten. Eine Entwicklung, die fatalerweise ungeheure Verstärkung dadurch erlebt, dass sie von besserwissenden Sozialtechnikern und Diversitäts-Apologeten gewünscht und befeuert wird: Stolz und Selbsterhaltungswille sollen für immer lahmgelegt werden, damit sich nie wieder eine Nation über die andere erhebt. Wir Deutschen sind es gewohnt, die in unserem Wesen so übermächtig ausgeprägte Autoaggressivität auf historische Schuld zurückzuführen. Dass dies kein Alleinstellungsmerkmal ist, zeigen westliche Länder mit kolonialer Vergangenheit, die uns in Sachen Schuldkomplex in nichts nachstehen.

Hannah Arendt zufolge sind selbstzerstörerische Tendenzen Kennzeichen des modernen Massenmenschen. Sie waren es schon an der Schwelle zum 20. Jahrhundert, also noch vor dem Holocaust, und vor der Bewusstmachung der Kollektivschuld durch post-colonial studies:

*Seit dem Beginn des 19. Jahrhunderts haben viele bedeutende Historiker und Staatsmänner das Herannahen eines Massenzeitalters prophezeit. (...) Was sie kaum vorausgesehen oder doch in seinen eigentlichen Folgen nicht richtig eingeschätzt haben, war dies ganz unerwartete Phänomen eines radikalen Selbstverlustes, diese zynische oder gelangweilte Gleichgültigkeit, mit der die Massen dem eigenen Tod begegneten oder anderen persönlichen Katastrophen, und ihre überraschende Neigung für die abstraktesten Vorstellungen, diese leidenschaftliche Vorliebe, ihr Leben nach sinnlosen Begriffen zu gestalten, wenn sie dadurch nur dem Alltag und dem gesunden Menschenverstand, den sie mehr verachteten als irgend etwas sonst, entgehen konnten.*[12]

Allerdings hat der Selbstverlust, wie er heute in Erscheinung tritt, eine neue Gestalt angenommen: Der moderne Massenmensch ist nicht selbstvergessen, wenn es um ihn als Individuum geht (als Hedonist und dionysischer Individualist darf er selbstverliebt und egozentrisch sein, ja er muss es sein), wohl aber als Typus (Deutscher, Europäer, weißer Mann) – als Gesamtwesen.

Potenziert wird der Schwund der Selbsterhaltungsinstinkte durch die Inthronisierung der Selbstverleugnung zu einem christlichen Ideal. In einem säkular verstandenen Christentum (ohne Gott, ohne Religion), vermengt mit der Hoffnung, durch kollektive Selbstaufgabe sich von kollektiver Schuld loszulösen, führen all diese Komponenten zur vollständigen Abtötung aller Selbsterhaltungsinstinkte, denn diese gelten, der post-christlichen Gnosis zufolge, als unmoralisch, rassistisch, suprematistisch, völkisch, unrein.

Individualpsychologisch gesehen gehen Selbstlosigkeit und Selbstvergessenheit auf einen Identitätsverlust zurück, der wiederum Folge und gewünschtes Ergebnis der gesellschaftlichen Atomisierung ist.

Inzwischen ist, so scheint es, die kollektive Selbstanklage zu einer neuen Identität des westlichen Menschen geworden.

## 3.

Der vielbeschworene Glaube an die Unausweichlichkeit von Geschichte, der uns in Formeln wie *Alternativlosigkeit* oder *Ende der Geschichte* begegnet, bedeutet, dass die Entwicklung gesellschaftsbildender Prozesse eine Richtung, sogar einen Zweck hat. Dies fuhrt dazu, dass die Prinzipien der sozialen Ordnung dem anvisierten Telos angepasst werden. Alles, was dieser zielgerichteten Entwicklung im Wege steht, muss beseitigt werden, weil es störend, überflüssig oder überholt ist. Kurz: weil es ein Modell ist, das keine Zukunft hat. Derartige Auslaufmodelle der Geschichte bzw. zu überwindende Konstrukte sind:

Nationalstaaten, die traditionelle Familie, die Polarität der Geschlechter, das Patriarchat, der weiße Mann, Hierarchien zwischen Menschen (aber auch solche zwischen Mensch und Tier). Grundsätzlich gehören alle Unterschiede auf den Müllhaufen der Vergangenheit. Selbstverständlich auch die Religion, denn sie ist, wie ihr Name schon sagt: Re-ligio (Rückbindung), jene geheimnisvolle Kraft, die sich am meisten der geforderten Aufhebung aller Bindungen widersetzt.

So ist es nur als folgerichtig anzusehen, dass sich Politik dazu aufschwingt, als Vollstrecker objektiver Gesetzmäßigkeiten zu fungieren. Wenn man ohnehin weiß, was Zukunft werden soll, warum sollte man die Zukunft nicht schon zur Gegenwart machen? Das Wissen um den notwendigen Untergang des angeblich Feindlichen, so Arendt, verleitet dazu nachzuhelfen, so dass nur noch Sterbendes zu Fall gebracht wird …

Führen wir uns also die genannten drei Elemente vor Augen, die nach Arendt Voraussetzung und Bestandteile einer totalen Herrschaft sind (Schwund der Wahrnehmungsfähigkeit, Schwund der Selbsterhaltungsinstinkte, Geschichtsdeterminismus), müssen wir konstatieren, dass diese in unserer Zeit nicht nur vorhanden, sondern geradezu überrepräsentiert sind.

Sind wir dabei, einen neuen Totalitarismus vorzubereiten? Und wenn ja, was ist das für eine Art von Totalitarismus? Offenbar einer, der nicht leicht zu erkennen ist, weil nicht für alle spürbar. Ein Totalitarismus jedenfalls ohne Führer, KZ und Gulag. Ist es trotzdem gestattet, von einem solchen zu sprechen? Ist es nicht maßlos übertrieben, die Kategorien eines derart kontaminierten Begriffs auf unsere (von grenzenloser Freiheit geprägte) Gesellschaft anzuwenden?

Nun, angesichts des enormen Verblendungszusammenhangs, dem wir auf Schritt und Tritt ausgeliefert sind, liegt der Gedanke nahe, dass an uns ein politisches Modell ausprobiert wird, das, vorsichtig ausgedrückt, alles andere als demokratisch ist. Wir haben es, drastischer gesagt, mit einer Herrschaftsform zu tun, die man, fernab von den Elementen des Terrors und der Unterdrückung, durchaus *total,* d. h. allumfassend und jeden Seelenwinkel durchdringend, nennen kann. Es handelt sich um eine softe Totalität, in der sich jeder wohlfühlt, der angepasst lebt. Der es gewohnt ist, Augen und Ohren zu verschließen, seinen Verstand auszuschalten und sich mittels Sex, Drogen, Konsumismus und Unterhaltung der eigenen Erkenntnis zu entziehen. Es handelt sich um eine Herrschaftsform, die sich scheinbar als das Gegenteil von totalitärer Machtausübung präsentiert, weil sie *Diversität* und *Pluralismus* feiert, was aber nichts anderes bedeutet, als dass sie dem hedonistischen Individuum gestattet, seine Obsessionen auszuleben (jeder darf queer, gepierct, tätowiert, bunt, gestreift und sonstwie exzentrisch sein) – zum Preis politischer Gleichschaltung.

Es ist eine Gesellschaftsform, an der die meisten ihrer Mitglieder mit Inbrunst hängen, weil sie so schön ist wie in Aldous Huxleys »Schöne neue Welt« beschrieben. Es ist eine auf Grundsätzliches ausgerichtete Herrschaftsform mit totalem Zugriff, die nicht ohne Weiteres als solche erkannt wird.

Lassen wir noch einmal Hannah Arendt sprechen:

> *Die Strukturlosigkeit der totalen Herrschaft, ihre Nichtachtung aller materiellen Faktoren und Interessen, ihre Unabhängigkeit von Zweckmäßigkeitserwägungen und bloßem Machthunger haben (...) alles politische Handeln schlechterdings unberechenbar gemacht. Weil die totale Herrschaft ein völlig neues Macht- und Realitätsprinzip in das Leben der Völker geworfen hat, ist es dem an der Vergangenheit geschulten gesunden Menschenverstand der nichttotalitären Welt noch nicht einmal möglich, die objektive Stärke dieser neuen Gebilde zu beurteilen oder zu berechnen.*[13]

Die richtige Bezeichnung für dieses neue politische Modell, das auf einem völlig neuen Macht- und Realitätsprinzip beruht, muss erst noch gefunden werden. Es ist ein Herrschaftsgebilde, in dem das Prinzip der Herrschaft grundsätzlich geleugnet wird. An die Stelle eines launischen Despoten, einer machthungrigen Clique, ja, auch der uns vertrauten (und immer noch angenommenen) Stellvertreterdemokratie ist die systemische Herrschaft einer wirkmächtigen Ideologie getreten, die sich verselbstständigt hat. Sie ist, da nicht personal gebunden und auch nicht von einem einzelnen Urheber ersonnen, unserem Verständnis und dadurch unserem Zugriff entzogen.

Welches nun ist die neue Ideologie?

Es ist die Alternativlosigkeit des Globalismus, One World, die Vereinigung aller Menschen zu einer *Menschheit,* mit einem Wort: der humanitäre Universalismus[14], der nebenbei handfeste ökonomische Interessen verfolgt.

Die notwendigerweise zu gehenden Schritte, die dorthin führen sollen, kennen wir: Zum einen der Egalitarismus, der keine eingebaute Stopp-Taste hat, und den man immer weiter drehen kann – wenn alle und alles bereits gleich sind, findet sich immer noch eine subtile Ungerechtigkeit, die ausgeglichen werden muss (Toqueville-Paradoxon), und der in seinem Prozesscharakter immer auf die Zukunft gerichtet, also immer progressiv, dynamisch und in Bewegung ist. Zum anderen die Zerschlagung stabiler sozialer Zusammenhänge sowie aller Gewissheiten, die Fragmentierung und Segmentierung der Gesellschaft durch Auflösung kultureller Identitäten (Nationalität, Religionszugehörigkeit) sowie natürlicher Identitäten (Rasse, Geschlecht). Erreicht werden soll dies durch die (wissenschaftlich fundierte) Lehre von der Konstruiertheit aller natürlichen und kulturellen Lebensformen. So sind wir zu unfreiwilligen Zeugen einer großangelegten Entstrukturierung und Entdifferenzierung geworden, an deren Ende die Errichtung der heißersehnten universalistischen Utopie steht.

Interessanterweise haben wir es heute, anders als zu Arendts Zeiten, mit einer Ideologie zu tun, die aus der Zerschlagung der Gesellschaft resultiert und dabei diese zu ihrem Programm erklärt. Die Atomisierung der Gesellschaft heutzutage ist gewollt, vor hundert Jahren war sie unweigerliche Folge der Zerschlagung der Stände- und Klassengesellschaft.

Heute wird sie sowohl als Naturgesetz ausgegeben (es geschieht einfach, die Menschen wollen es so, sie wollen ihren individualistischen Neigungen folgen ... ) als auch als Befreiung gefeiert: Wenn es keine Unterschiede mehr gibt, gibt es auch keine Ungerechtigkeiten – jeder Mensch kann sich in seiner persönlichen Entwicklung frei entfalten.

Es ist längst kein Geheimnis mehr, dass die Zerschlagung der Gesellschaft in Atome in Wirklichkeit dazu dient, die Menschen hilfloser und gefügiger zu machen. Es geht um bewusst vorangetriebene Destabilisierung, die verhindern soll, dass sich der Einzelne mit den ihm nahe stehenden Mitmenschen verbündet und dadurch die systemische Herrschaft der Ideologie erschüttert:

*Tyrannen und Despoten haben immer gewusst, dass Gleichheit ihrer Untertanen, Ausschaltung von Rangunterschieden und Verhinderung jeder gesicherten, gesellschaftlichen und politischen Hierarchie die unabdingbare Voraussetzung ihrer Herrschaft bildete.*[15]

Uns hingegen wird vermittelt, dass es sich um Emanzipation aus unterdrückerischen Strukturen handelt, um die Errichtung einer herrschaftsfreien Gesellschaft, in der alle gleich, frei und glücklich sind, weil es keine Rangunterschiede und ergo keine Diskriminierung gibt. Uns wird vermittelt, dass, wenn dies noch weitergetrieben und auf planetarische Ebene gehoben wird (also die Durchsetzung des humanitären Universalismus weltweit), wenn also wirklich alle Menschen, nicht nur die in unserem Land, sondern auf der ganzen Erde, befreit – also nicht mehr Nationen, Völker und Rassen sind, sondern einfach Menschen, wenn alle Hindernisse überwunden sind und überall der gleiche Wohlstand herrscht, wenn also die ganze *Menschheit* so ist wie ein Mensch, dann öffnen sich die Tore zum Garten Eden und die *Menschheit* wird in den ursprünglichen Zustand der Unschuld zurückversetzt.

Und deshalb laufen alle Anstrengungen auf Hochtouren, Vereinheitlichung und Homogenisierung – die Verflüssigung der Menschen – herzustellen.

Das Ziel wäre erreicht, wenn es gelänge, identische Kopien von Menschen herzustellen.

Für die einen das Paradies, für die anderen ein Horrorszenario:

> *Totale Herrschaft, die darauf ausgeht, alle Menschen in ihrer unendlichen Pluralität und Verschiedenheit so zu organisieren, als ob sie alle zusammen nur einen einzigen Menschen darstellen, ist nur möglich, wenn es gelingt, jeden Menschen auf sich immer gleichbleibende Identität von Reaktionen zu reduzieren, so dass jedes dieser Reaktionsbündel mit jedem anderen vertauschbar ist. Es handelt sich dabei darum, das herzustellen, was es nicht gibt, nämlich so etwas wie eine Spezies Mensch.*[16]

Dass mit fortschreitender Fragmentierung und Egalisierung auch ein fortschreitender Souveränitäts- und Ich-Verlust einhergeht, muss hier nicht weiter ausgeführt werden. Schon jetzt leben wir in einer Gesellschaft von Narzissten und Autisten (dass eine Ikone der heutigen Jugendbewegung ausgerechnet dieses Merkmal trägt, ist mehr als bezeichnend).

Es sind keine hellseherischen Gaben nötig, um zu erkennen, was das Ziel einer solchen ökonomisch-humanitär ausgerichteten Bewegung ist: Menschen zu Plastikgranulat zu zerreiben, damit aus ihnen, bei Bedarf, eine neue PET-Flasche geformt werden kann.

Dafür bedarf es der Vernebelung der Gehirne, und dafür sind Spezialisten zuständig, die mit *wissenschaftlichen Beweisen* begründen sollen, dass die Lösung jener Probleme, die ihre Ideologie geschaffen hat, in der Durchführung exakt jener Ideologie besteht.

Wissenschaft wurde in totalitären Systemen schon immer herangezogen, um großangelegte Experimente eines gesellschaftlichen Umbaus vorzunehmen. Bei Hitler war es die Rassenbiologie, bei Stalin der Lysenkoismus mit seiner der marxistisch-leninistischen Doktrin angepassten Genetik.

Heute steht uns das große Experiment bevor, dass eine »monoethnische und monokulturelle Demokratie in eine multiethnische«[17] verwandelt werden soll. Und dafür braucht es die Homogenisierung – das Zerreiben der Menschen zu ethisierten, ökologisierten, pazifizierten, feminisierten und durchgegenderten Bestandteilen des humanitären Universalismus. Dass dadurch die Handlungsfähigkeit des politischen Bürgers unmöglich gemacht wird, sollte uns längst klar geworden sein.

Das seit der Aufklärung laufende und in wechselnder Intensität durchgeführte Projekt der Rationalisierung des Menschen (wovon die Egalisierung nur ein Teil ist), ist übrigens noch lange nicht abgeschlossen. Es wurde gerade erst damit angefangen, mit ihm Ernst zu machen. Vorläufig begnügt man sich damit, die Vereinheitlichung auf der Ebene von Rasse, Kultur,

Geschlecht, Bildung, Aussehen etc. durchzusetzen. Aber warum sollte der Egalitarismus vor anderen Ungleichheiten Halt machen? Zum Beispiel vor der genetischen?

Schon lange wird in den Laboratorien der entwickelten Länder an der genetischen *Optimierung* gearbeitet. Neuartige Reproduktionsverfahren, Pränataldiagnostik, Stammzellenforschung, die gläserne Gebärmutter – mit jedem Schritt kommen wir Huxleys »Schöne neue Welt« näher. Und wir freuen uns darüber und beklatschen den Fortschritt.

Zum Heraufdämmern eines neuen Totalitarismus ist es indes nicht weit. Es ist, wie man sieht, ein freiwillig losgetretener und mit freudiger Ungeduld herbeigesehnter Totalitarismus. Es ist ein Totalitarismus ohne Knechtschaft. Ein Totalitarismus, bei dem immer alles in Bewegung ist, dynamisch, fortschreitend, nimmer satt, progressiv, teleologisch, chiliastisch. Ein Totalitarismus, der nicht eher Ruhe gibt, bis die letzte Grenze gefallen ist. Bis der letzte Mensch zu Granulat zerrieben sein wird und sich nicht mehr wird vorstellen können, dass es auch noch etwas anderes geben könnte – weil mit dem alten Menschen auch alle Erinnerung, alle Geschichte, alle Erfahrung gelöscht sein werden.

Nicht Trump, Orban und Putin sind die neuen Führer einer neuen autoritären Herrschaft. Auch nicht Merkel oder Björn Höcke. Was Anti-Faschisten und *bekennende Demokraten* immer wieder als Drohgebärde ins Feld führen, nämlich das Auftauchen eines neuen Hitlers, sollte den populistischen Strömungen kein Widerstand geleistet werden, ist vor diesem Hintergrund völlig an der Wirklichkeit vorbei. Klassische Führer gibt es nicht mehr und wird es auch nicht geben – das ist nun wirklich etwas, was von der Geschichte überholt ist. Statt dessen haben wir uns unter die Obhut einer systemischen Führung begeben. Der neue Totalitarismus hat sich entpersonalisiert, seine Personalausstattung ist austauschbar und dezentral. Der systemische Totalitarismus ist in seiner nicht fassbaren Körperlichkeit virtuell, gleichsam transzendent. Hier heißt es, Hannah Arendts Ideen weiterentwickeln.

Es ist ein freundlicher, und daher von nur wenigen bemerkter Totalitarismus, dem, da er auf große Zustimmung stößt, eine lange Haltbarkeit bevorsteht. Allerdings haben, Arendt zufolge, totalitäre Systeme keine Langlebigkeit: Mit ihrem Lügengewebe und ihrer Inszenierung einer Scheinrealität scheitern sie früher oder später an den alltagspraktischen Evidenzen, anders gesagt: an der Macht des Faktischen.

Und doch muss man in Rechnung stellen, dass jedes politische Systeme lern- und anpassungsfähig ist, dass es in der Lage ist, von den vorigen Systemen erprobte und bewährte Elemente zu verfeinern und auf eine neue Stufe zu stellen. Denn die Probleme des modernen Massenzeitalters sind immer noch die selben wie zu Arendts Zeiten. Sie haben sogar an Brisanz zugenommen, wie es sich in dem Problem der Überbevölkerung und des Überflüssigseins deutlich zeigt:

> *Ganz gleich wie lange die gegenwärtigen totalitären Systeme sich halten können – und der erstaunlich schnelle Untergang des »tausendjährigen Reiches« der Nazis ist ein Zeichen für die diesen Regimen innewohnende Instabilität –, es steht zu fürchten, dass die Konzentrationslager und Gaskammern, welche zweifellos eine Art Patentlösung für alle Probleme von Überbevölkerung und »Überflüssigkeit« darstellen, nicht nur eine Warnung, sondern auch ein Beispiel bleiben werden. So wie in der heutigen Welt totalitäre Tendenzen überall und nicht nur in totalitär regierten Ländern zu finden sind, so könnte diese zentrale Institution der totalen Herrschaft leicht den Sturz aller uns bekannten totalitären Regime überleben.*[18]

Machen wir uns nichts vor: Auch wenn in Deutschland und in der gesamten westlichen Welt die Geburtenzahlen zurückgehen und dadurch die Bevölkerung schrumpft (ungeachtet der Auffüllung durch Migranten), können wir aufgrund von Digitalisierung das Überflüssigwerden von Menschen feststellen: Immer weniger Menschen werden notwendig sein, um

Ökonomie und Produktion am Laufen zu halten. Nur die Funktionselite, hochspezialisierte Arbeitskräfte und post-nationale Weltbürger, die frei auf der Ebene der globalen Systeme agieren, werden in Zukunft nicht überflüssig sein. Was aber geschieht mit den anderen, für die es keine Verwendung gibt? Und die in einem aufgeblähten Sozialstaat frecherweise Ansprüche auf Alimentierung anmelden? Was geschieht mit den überflüssigen Menschen, die nach der Marktlogik nur unnütze Esser sind? Was geschieht mit ihnen, wenn es keine vereinigenden Bande mehr wie Zusammengehörigkeitsgefühl, Volksbewusstsein und Volkssolidarität gibt? Wie geht man damit um, dass vor dem Hintergrund des reibungslosen Funktionierens von Maschinen Menschen grundsätzlich überflüssig werden? Schließlich sind Maschinen unfehlbar und leisten sich, anders als der Mensch, keine moralischen Fehltritte. Wie geht man mit dem Überflüssigsein des Menschen (als Zerstörer der Natur) gegenüber anderen Kreaturen um? Hat man nicht Lebewesen, die friedlicher sind, den Vortritt zu lassen? In seinem Selbsthass und in seiner Überzeugung, ein Parasit der Erde, ein Auslaufmodell der planetaren Geschichte zu sein, läuft der Mensch Gefahr, Maschinen oder anderen Kreaturen das Feld zu überlassen und sich selbst auszurotten.

Das sind die Probleme, die uns heute und morgen bevorstehen.

Um diese in den Griff zu bekommen, bieten sich drei Varianten einer möglichen Totalherrschaft an:

1. Der humanitäre Universalismus als systemische Herrschaftsform überwindet die Vorstufe der Erprobungs- und Konsolidierungsphase und wird totalitär.
2. Es formiert sich eine politische Gegenkraft, die versucht, die Gesellschaft wieder in einen gesunden Zustand zu überführen. Diese Kraft wird sich nur mit totalitären Mitteln durchsetzen können.
3. Eine dominante, gegen alle Egalisierungsbestrebungen immune Kultur wird aufblühen (Islam) und die ihr inhärenten totalitären Züge breitflächig entfalten. Die einheimische Kultur wird sich freiwillig unterwerfen, weil sie müde geworden ist.

Lassen wir es gar nicht erst dazu kommen. Deshalb gilt:

Wahrnehmungsschulung tut not. Es gilt Aufmerksamkeits- und – warum nicht? – Achtsamkeitstraining zu praktizieren (wenn mit *Achtsamkeit* verschärfte Geistesgegenwart gemeint ist). Lassen wir uns nicht gaslichtern! Machen wir Augen und Ohren auf – sie sind dazu da, in Gebrauch genommen zu werden!

Erkennen wir Formen und Muster, die gesellschaftlichen Prozessen zugrunde liegen. Vor allem: Erkennen wir an, dass es Unterschiede gibt! Vertrauen wir auf unsere fünf Sinne und lassen uns nicht vom elektronischen Schattentheater eine Matrix vorgaukeln, die uns zu gesteuerten Einzelteilchen degradiert. Besinnen wir uns auf unsere Intuition. Seien wir dabei jedoch nicht wissenschaftsfeindlich, wie es unsere Gegner uns immer vorwerfen. Betreiben wir Wissenschaft, aber echte Wissenschaft – nicht deren okkulte Verformung. Wahre Wissenschaft begründet sich im Streben nach Erkenntnis und letzten Endes nach Wahrheit. Sie stellt sich nicht in den Dienst von Ideologien, was das Erkennungsmerkmal von Pseudowissenschaftlichkeit ist.

Erleben wir eine Welt echter menschlicher Beziehungen – eine gegenständliche und nicht eine erdachte Welt.

Benutzen wir unseren eigenen Verstand, unser eigenes Urteilsvermögen, denn darauf beruht letztlich unser Ideal von Aufklärung.

III

## Corona
## oder
## Wahrnehmungs- und Wirklichkeitsverlust durch Erfahrungsverweigerung

Als die ersten beiden Kapitel dieser Abhandlung geschrieben wurden, konnte die Verfasserin nicht ahnen, welch dramatischen Verlauf wir kurze Zeit später in den Geschicken der Welt erleben würden. Durch die sogenannte *Corona-Krise* ist alles zuvor Erwähnte auf eine neue Stufe gestellt worden und setzt einer bereits seit längerem zu verzeichnenden Entwicklung im wahrsten Sinne des Wortes die Krone auf.

Fassen wir noch einmal zusammen, was nach Hannah Arendt die Elemente für totale Herrschaft sind:

- eine atomisierte Gesellschaft
- der Mangel an Urteilskraft
- Leichtgläubigkeit und Zynismus (Revolte der Massen gegen den Wirklichkeitssinn)
- Selbstlosigkeit

- Anfälligkeit der geistigen Elite / freiwillige Gleichschaltung
- Folgerichtigkeit frei erfundener Systeme – Schaffung einer Hyperrealität
- Sehnsucht der Massen nach wissenschaftlichen Beweisen
- wissenschaftlicher Determinismus
- Transformation der menschlichen Natur

Alle diese Punkte lassen sich an den Themen Migration, Gender, Klimawandel, Anti-Rassismus durchexerzieren und wir werden jedes Mal zu den gleichen Ergebnissen kommen, da jedes dieser Narrative einer übergeordneten Ideologie, einem Suprasinn, folgt – dem dogmatisch auftretenden Universalismus, der sich, um seine Abgründigkeit zu verbergen, als humanistische Befreiungsbewegung tarnt.

Die genannten neun Elemente können aber ebenso mit Leichtigkeit am Thema Corona veranschaulicht werden, und wir werden zu identischen Ergebnissen kommen.

Die vorliegende Betrachtung ist ein Versuch, sich in die Mechanismen unseres Zeitgeschehens hineinzudenken und jenen Verlust an Wirklichkeit herauszuarbeiten, den Hannah Arendt als die größte Gefahr der Moderne ansah.

Der *Verlust des gesunden Menschenverstandes* hat sich noch nie so eindrücklich offenbart wie in der Fiktion der Corona-Pandemie, die vorgeblich das Leben der *Menschheit* bedroht.

Corona hält die Welt in Atem, es dominiert die Schlagzeilen und unterwirft unser alltägliches Leben neuen, nie gekannten Verhaltensregeln.

Erinnern wir uns:

Ende des Jahres 2019 traten in der chinesischen Millionenstadt Wuhan auffällig viele Fälle von Lungenentzündungen auf, deren Ursache den Ärzten zunächst Rätsel aufgab. Schnell jedoch wurde der Übeltäter gefunden: Ein Erreger aus der Familie der Corona-Viren wurde isoliert und mit passendem Etikett versehen: Sars-CoV-2. Im Januar 2020 griff die Epidemie auch auf die benachbarten Länder über und wurde schließlich in alle Welt verschleppt. So hieß es. Die Zahl der Infizierten entwickelte sich exponentiell und in der offiziellen Berichterstattung wurde suggeriert, dass Infizierte mit Erkrankten gleichzusetzen seien, ja, dass es sich bei Infizierten gewissermaßen schon um Tote handelte.

Schnell wurde auch der Krankheit, die eigentlich keine Krankheit ist, sondern nur ein Bündel von unspezifischen Symptomen, ein eindrucksvoller Name gegeben: Covid-19.

In Europa und den USA war indes bereits Jahre zuvor vor dem Ausbruch einer neuen Seuche gewarnt worden. Verschiedene als Zoonosen gekennzeichnete Infektionen waren in Abständen von wenigen Jahren immer wieder als Versuchstiere für die Inszenierung einer weltweiten Gesundheitskrise ins Feld geschickt worden: Sars, Mers, Vogelgrippe, Schweinegrippe, doch niemals hatte es mit dem angekündigten GAU so richtig geklappt. Schnurstracks wurde auch diesmal Covid-19 von der WHO zur weltweiten *Pandemie* erklärt.

Was danach geschah, wird später ganze Regale von Lehrbüchern für Propagandatechniken füllen und als – wie ein französischer Arzt in einem an das Gesundheitsminesterium seines Landes gerichteten offenen Brief formulierte – »größte Gesundheitsfälschung des 21. Jahrhunderts« in die Geschichte eingehen.[19]

Schlag auf Schlag wurden demokratisch nicht legitimierte Zwangs- und Schutzmaßnahmen in Form von Ermächtigungsgesetzen und Notstandsverordnungen erlassen. Menschen wurden unter Entzug ihrer Grundrechte in ihre Wohnungen gesperrt. Alten und Sterbenden wurde die Fürsorge ihrer Angehörigen, Gläubigen der Zugang zu den Sakramenten verwehrt. Polizeieinheiten patrouillierten auf Straßen und Spielplätzen und überwachten die Einhaltung der Ausgeh- und Kontaktverbote. All dies unter der Devise, bei Gefahrenabwehr gelte nicht die Verhältnismäßigkeit und all diese Maßnahmen seien nur vorübergehend. Das Leben wurde auf der ganzen Welt weitgehend lahmgelegt, gleichzeitig erfolgte die totale Mobilmachung im *Kampf* gegen das tödliche Virus.

Wir wurden Zeugen eines beispiellosen Vorgangs: Es vollzog sich die Erschaffung einer propagierten Wirklichkeit durch folgerichtige Umsetzung. Die dadurch entstehenden und einander bedingenden Rückkoppelungseffekte bestätigten das, was vorher festgelegt worden war.

Was ist Corona?

Es gibt zwei einander widersprechende Lehrmeinungen, von denen die eine vehement und mit ungeheurem Aufgebot an rhetorischen und medial-suggestiven Mitteln unterdrückt wird:

1. Corona ist ein Killer-Virus, das die *Menschheit* bedroht
2. Corona ist in seinen Auswirkungen mit dem herkömmlichen Influenza-Virus vergleichbar, sogar harmloser

Bald stellte sich heraus, dass die Anzahl renommierter Wissenschaftler, die die Furcht vor Corona und die daraus resultierenden Maßnahmen für unbegründet hielten, deutlich überwog. Dennoch gelang es den Entscheidungsträgern in Politik und Medien, mit Verleumdung, Diskreditierung, sogar offener Repression, die amtliche Dogmatik durchzusetzen. Es ging so weit, dass nicht nur die Verkündung, sondern allein die private Anschauung von der Harmlosigkeit des Erregers kriminalisiert wurde, mit der Begründung, es gehe um Leben und Tod – Corona sei daher keine Meinung, es könne nur eine Wahrheit geben!

Wie immer sind bei solchen Geschehnissen, die tiefgreifend in die Struktur unseres gesellschaftlichen Gewebes eingreifen, Zweifel angebracht: Wäre die Regierung ernsthaft um das Wohl des Volkes besorgt, dann sollte man doch meinen, dass sie angesichts einer Bedrohungslage alles dafür tun sollte, Angst- und Stressreaktionen im Zaum zu halten und Panik zu vermeiden. Hier aber durfte jeder, der sich abseits der Leitmedien informierte, erfahren, dass in einem von der Bundesregierung in Auftrag gegebenen »Strategiepapier zum Lockdown«[20] betont wurde, dass alle Anstrengung unternommen werden sollten, um innerhalb der Bevölkerung eine »gewünschte Schockwirkung« und damit Akzeptanz für die durchgeführten Maßnahmen zu erzielen. Die Bundesregierung setzte also – diesem internen Papier zu Folge – darauf, gezielt zu manipulieren und Urängste zu erzeugen.

Das muss Misstrauen erregen.

Heute, Monate nach dem Höhepunkt der Seuche, nachdem wir ein halbes Jahr lang mit der Angst vor Corona und der zu erzielenden »Schockwirkung« malträtiert wurden, ist festzustellen: Keine von den prophezeiten und in Computermodellen hochgerechneten Zahlen hat sich bestätigt. Weder hat es in dem Zeitraum einer vorgeblichen akuten Gefährdungslage eine höhere Übersterblichkeit gegeben, noch waren junge

Menschen und Patienten ohne Vorerkrankungen von dem heimtückischen Virus betroffen, sondern ausschließlich hochaltrige Menschen sowie Risikogruppen. Dies deckt sich mit den Sterblichkeitsraten einer regelmäßig in den Wintermonaten auftretenden Grippewelle.

Inzwischen kann mit Fug und Recht die Behauptung aufgestellt werden, dass es mehr Tote infolge der völlig irrsinnigen Lockdown-Maßnahmen gab als sogenannte Corona-Tote.

Dennoch werden politische und massenmediale Akteure nicht müde, das Illusionstheater vom neuartigen und hochinfektösen Kampfgeschoss Corona, das ohne Maßnahmen umstandslos ein Massensterben auszulösen imstande sei, aufrechtzuerhalten. Abgesehen von geringen Lockerungen wird nach wie vor am strengen Kurs, vor allem an der Strategie der Einschüchterung festgehalten, und ein Ende ist nicht in Sicht (die einzige Option, die für einen Ausstieg in Aussicht gestellt wird, lautet: Impfung und umfassende Digital-Überwachung).

Inzwischen ist klar geworden: Corona ist eine Servilitäts-App, die nach Belieben aktiviert werden kann und wird.

Ein neuer Autoritarismus scheint sich durchzusetzen, sei er nun nationalstaatlich ausgeübt oder supranational, sei er gelenkt oder spontan die Gunst der Stunde nutzend. Ein Absolutismus ganz neuen Zuschnitts, den die den meisten Menschen, obwohl tief in ihre Persönlichkeitsrechte eingegriffen wird, nicht nur pflichteifrig, sondern mit ekstatischer Gläubigkeit mittragen.

Wie konnte es dazu kommen?

## 1. Es ist alles nur ein Spiel: die Revolte gegen den Wirklichkeitssinn

Der Mensch von heute – jedenfalls gilt das für die westliche Hemisphäre – wächst in einer kunterbunten Spielzeugwelt auf, die sich ihm als frei verfügbares Konsumparadies präsentiert. Sie ist gleichzeitig eine Höhle oder Hölle des virtuellen Raums komfortschaffender Endgeräte, die unsere Spielgeräte sind. Da es ein stoffloser Raum ist, wird in ihm Leere zelebriert. Daneben sehen wir uns in eine Bevormundungs- und Betreuungsgesellschaft hineinsozialisiert, die uns jede Entscheidung in jeder Lebenssituation abnimmt (einzige Ausnahme: die Kaufentscheidung). Eine Welt als Bedürfnisbefriedigungsanstalt, in der man allerdings, sobald es darum geht, eben jene Bedürfnisse zu befriedigen, überwiegend mit Surrogaten abgespeist wird. Wo kann man da noch physisch-sinnliche Erfahrungen machen, und zwar solche, die unmittelbar und echt sind? Gewiss, wir haben die Wahl zwischen Kletterpark (immer mit Helm und Seil!)

und Rafting-Abenteuer-Touren (mit zertifizierten Guides!) und unsere Kinder dürfen in ihrem Essen herummatschen, damit sie ihre *Sinne schärfen* und die *Wahrnehmung schulen*. Im Übrigen sollen sie auch alles andere dürfen, aber nichts sollen. Und schon gar nicht sollen sie erleben, was ihnen negative Gefühle bereiten könnte – ein aufgeschlagenes Knie oder die Zurückweisung eines Wunsches. So wird Kindheit zu einem Schon- und Vermeidungsraum. Zu einer Gummizelle, in der Verantwortungs- und Anstrengungsbereitschaft im Keim erstickt werden (ganz zu schweigen von ehemals hochgehaltenen Tugenden wie Mut und Selbstüberwindung). Lehrer, Erzieher, Ausbilder können ein Lied davon singen.

Protektionismus und obsessives Sicherheitsdenken halten uns davon ab, der wirklichen Welt zu begegnen (deren Vorhandensein folgerichtig an allen Ecken und Enden munter in Frage gestellt wird). Trotz aller Authentizitätsbemühungen und unserer unstillbaren Sehnsucht nach Erlebnissen, die wir freilich stets käuflich zu erwerben glauben (»Top Erlebnisse & Geschenke online bestellen in der Erlebnisfabrik«[21]), finden wir aus diesem ebenso schillernden wie verführerischen Panoptikum nicht hinaus. So züchten wir in den Wohlfahrtszonen des Westens wehleidiges Anspruchsdenken und zugleich distinguierte Raffinesse. Im Herzen des modernen Massenmenschen gehen Verfeinerung und Abstumpfung Hand in Hand.

Das Überbehütet-Sein hat sich indes von den Kinderstuben aus auf die gesamte Gesellschaft ausgebreitet. All das hält uns in einer erworbenen Hilflosigkeit gefangen, die uns dazu antreibt, wohlfeil in jeder kritischen Situation nach noch mehr Sicherheit zu schreien. Wie also soll Erfahrung erworben werden, wenn vor jeder Gefahr ausgewichen wird? Dass Erfahrung ohne Gefahr nicht zu haben ist, darauf verweist schon die lautliche Verwandtschaft der beiden Begriffe.[22]

Freilich bedeutet Erfahrungsverweigerung auch die Weigerung, erwachsen zu werden. Und so verharren infantilisierte Bürger, deren Kindheit nie endet, in Unmündigkeit und Abhängigkeit von *Vater Staat,* Medien, *Experten,* Technokraten.

Dass dies einen nicht auszugleichenden Wirklichkeitsverlust bedeutet, der durch Rationalisierung und Automatisierung aller Lebensbereiche eine zusätzliche Schubkraft bekommt, muss nicht weiter ausgeführt werden. Denn Rationalisierung und Automatisierung sind gleichbedeutend mit Delegation der eigenen Wahrnehmung. Auch Expertentum jeglicher Art ist eine Form von Externalisierung von Wahrnehmung und Erfahrung. Nirgendwo drückt sich das so deutlich aus wie in unserer modernen Hörigkeit gegenüber der Wissenschaft.

Wissenschaft hat sich inzwischen als eine Institution in die Köpfe der Menschen eingenistet, deren Autorität als Stellvertreter für individuelle Erkenntnis dient. Sie verbürgt eine Wahrheit, die vom einzelnen nicht hinterfragt und geprüft werden kann – und auch nicht muss. Denn dafür sind ja die *Experten* da, dass sie sagen, was andere nicht wissen. So kann man sich getrost des eigenen Kopfes und der eigenen Sinne entledigen.

Schauen wir uns das Thema Krankheit an, was naturgemäß als der sensibelste Bereich in der Risikovermeidungsgesellschaft gilt: Erfahrung zu machen, ist auch – und vor allem – auf diesem Terrain nicht erlaubt, denn dies könnte gefährlich sein – ja mitunter tödlich enden.

Schon bei den Kindern fängt es an: Bereits im ersten Lebensjahr, da das Kind noch Nestschutz genießt, wird ihm mit Impfungen, Antibiotikagaben, fiebersenkenden Mitteln buchstäblich zu Leibe gerückt. Eine Gelegenheit, mit Krankheiten Erfahrungen zu machen, auch positive, stellt sich nicht ein.

Krankheit wird, auch in ihrer leichten Ausprägung (Erkältung) als etwas Böses oder Lästiges erachtet, jedenfalls nichts, woran man reifen könnte, oder Immunkräfte ausbilden. Geschweige denn, dass es zulässig wäre, Krankheit als Entwicklungs- und Reifungsprozess anzusehen oder gar etwas, was den Individualisierungsprozess fördert und vertieft. Im vollständig kontaminierten Themenbereich »Kinderkrankheiten« stoßen wir bei jedem Schritt auf Tretminen.

Krankheit ist nicht nur gefährlich, es ist auch ein störendes, die Alltagsabläufe behinderndes Übel. Vor allem eins, das die Gleitfähigkeit einer auf Hochtouren laufenden Produktionssteigerungsmaschinerie empfindlich beeinträchtigt.

Also weg damit.

Wie sollen vor diesem Hintergrund Menschen, die es gewohnt sind, jede Unpässlichkeit per Knopfdruck in den Griff zu bekommen, mit dem Horrorszenario Corona fertig werden?

Wie müssen sie reagieren, wenn man ihnen sagt, dass eine leichte Erkältung zum Tode führen kann – wenn nicht zum eigenen, dann in jedem Fall zu dem unzähliger anderer Menschen?

Doch dies ist nicht alles. Da sind noch andere Auffälligkeiten, die auf das Konto von zivilisatorisch bedingten Entfremdungserscheinungen gehen (von denen allerdings die Entfremdung vom eigenen Körper die bedenklichste ist):

So brauchen wir uns nur das allgemein sinkende Bildungsniveau zu vergegenwärtigen, um zu begreifen, dass die Corona-Regisseure leichtes Spiel haben, den Großteil der Bürger (sprich: Nachrichtenkonsumenten), an der Nase herumzuführen: das Nicht-Erkennen-Können oder -Wollen von Plausibilitätslücken (so gab es z. B. niemals eine genaue Definition des Begriffs Corona-Tote), die Unfähigkeit, zwischen Kausalität und Korrelation zu unterscheiden sowie zwischen Hauptursachen und Teilursachen. All das muss zwangsläufig dazu führen, dass die mutwillige Verdrehungen der Faktenlage für gespenstische Realität und die Protagonisten eines konstruierten Problems für die größten Krisenmanager aller Zeiten gehalten werden.

Mutwillige Verdrehungen erleben wir auch im allgemeinen Sprachgebrauch, und das nun schon seit Jahren. Und das zu offen propagandistischen Zwecken (im gängigen Polit-Jargon heißt das: Anti-Diskriminierung). Nämlich die mutwillige Verdrehung des Wortsinns zwecks Sprachhygiene.

Dieser (schleichende und deshalb umso gründlicher wirkende) Prozess ist die seit Jahren erfolgende gutmenschliche Bemühung, Wirklichkeit durch Sprachkorrektur gleichsam neu zu erschaffen. Sie folgt dem Denkmuster: Verleiht man einer Sache einen Begriff, dann ist sie da, auch wenn sie vorher nicht da war bzw. als etwas Unspezifisches angesehen wurde (man denke an die vielen neuen Geschlechter, die wie Pilze aus dem Boden schießen ...). Es ist dies nichts Geringeres als die Erschaffung einer Hyperrealität.

Einen analogen Prozess erleben wir auf der wissenschaftlichen Ebene: Es wird durch Isolation einer unspezifischen RNA-Sequenz (die schon immer vorhanden war, nur nie auffällig wurde, weil nie beachtet) ein »neuartiges« Virus geschaffen und durch Zusammenfassung unzusammenhängender Symptome eine neue Krankheit – Covid-19.

So erschafft man Gespenster.

Im umgekehrten Fall bedeutet das: Eine Sache, über die nicht gesprochen wird, gibt es nicht (z.B. dass *Schutzsuchende* Straftaten begehen).

Es ist festzustellen, dass durch derartige Begriffsverschiebungen bzw. Definitionsverschiebungen nicht selten das genaue Gegenteil dessen ausgedrückt wird, was tatsächlich gemeint ist.

So sind wir es schon lange gewohnt, dass, um Freiheit zu schützen Freiheit eingeschränkt wird, um Toleranz hervorzubringen, Intoleranz praktiziert wird. Doch dass heutzutage ein vors Gesicht gebundener Lappen, der erklärtermaßen keinen Schutz bietet, Schutzmaske heißt, dass krank sein nicht bedeutet, sich krank zu fühlen, sondern infiziert zu sein (was auch immer das sein mag), dass Solidarität üben darauf hinausläuft, Menschen, die sich nicht an die neuen Vorschriften halten, zu maßregeln und zu denunzieren, spottet jeder Beschreibung. Und unter *Verschwörungstheorien verbreiten* versteht man heute, auszusprechen, was ohnehin jeder weiß.

In der frühkindlichen Entwicklung führen paradoxe Botschaften (double bind) zu eklatanten Verhaltensauffälligkeiten bis hin zur Schizophrenie.

Im späteren Leben auch.

Halten wir uns all diese menschengemachten Absurditäten vor Augen, dann sollte klar werden, warum es in unserer Zeit vor allem an einer fundamentalen

Eigenschaft gebricht: dem untrüglichen Gefühl dafür, was wahr ist und was falsch.

Aber reichen diese Herleitungen aus, das Phänomen der kollektiven Psychose, die Corona ausgelöst hat, zu begreifen? Reichen sie aus, um jene bizarre Wirklichkeitsverzerrung zu erklären, die sich darin manifestiert, dass unsere Gesellschaft unter dem Eindruck einer Bedrohung schier zusammenbricht? Einer Bedrohung, die wir ohne Hinweis von außen und ohne das Trommelfeuer der Propagandamaschinerie niemals bemerkt hätten?

Nach Hannah Arendt kommen derartige Massenpsychosen immer dann zustande, wenn die gemeinsame Welt zu Bruch gegangen ist: Wenn Atomisierung, Vereinzelung und Verlassensein zum beherrschenden Lebensgefühl werden. Wenn der einende Gemeinsinn, der sich im *gesunden Menschenverstand* ausdrückt, durch bestimmte, den Zerfall auslösende Faktoren unwiederbringlich verloren ist. Denn der *Gemeinsinn* ist immer das Gemeinsame. Sobald dieser schwindet, kommt es zu einem Wirklichkeitsverlust, zu einer Weltentfremdung, die Sinnesverlust nach sich zieht.

Aber auch Sinn-Verlust.

Genau das ist seit längerem zu beobachten. Nach der erfolgreichen politischen Dekonstruktion von tradierten Verbindlichkeiten in Form linksliberaler Identitäts- und Genderpolitik, nach der Zerstörung stabiler gesellschaftlicher Bindekräfte (einer Zerstörung, die als Voraussetzung für die Etablierung von *Diversität* gilt), immer unter der ideologischen Prämisse, die Welt zu homogenisieren und dadurch »ein Stück weit besser zu machen«, haben wir es mit einer weltweit umspannenden Ideologie zu tun, die die Ursache der Not als Heilsrezept ausgibt und dadurch die Menschen in eine teufelskreisähnliche Denkspirale hineinzieht, die immer wieder das perpetuiert, was das Elend verursacht und somit eine ideologische Abhängigkeit schafft, die sich als wahrhaft eisernes Band von Terror (von Denk-Terror) darstellt.

Lassen wir noch einmal Hannah Arendt sprechen:

*So ist Realität unter den Bedingungen einer gemeinsamen Welt nicht durch eine allen Menschen gemeinsame »Natur« garantiert, sondern ergibt sich vielmehr daraus, dass ungeachtet aller Unterschiede der Position und der daraus resultierenden Vielfalt der Aspekte es doch offenkundig ist, dass alle mit demselben Gegenstand befasst sind. Wenn diese Selbigkeit der Gegenstände sich auflöst und nicht mehr wahrnehmbar ist, so wird keine Gleichheit der »Menschennatur« und sicher nicht der künstliche Konformismus einer Massengesellschaft, verhindern können, dass die gemeinsame Welt selbst in Stücke geht; dieser Zusammenbruch vollzieht sich vielmehr zumeist gerade in der Zerstörung der Vielfältigkeit, (...). Solche katastrophalen Zusammenbrüche kennen wir geschichtlich aus Epochen von Gewaltherrschern, die ihre Untertanen so radikal voneinander isolieren, dass niemand mehr sich mit einem Anderen einigen und verständigen kann. Aber das gleiche ereignet sich auch in Massengesellschaften und unter den Bedingungen von Massenhysterien, wo alle sich plötzlich benehmen, als seien sie die Glieder einer ungeheuren, in sich einstimmigen Familie, und wo die Hysterie dadurch entsteht, dass ein einziger Aspekt ins Gigantische übersteigert wird. In beiden Fällen haben wir es mit dem radikalen Phänomen der Privatisierung zu tun, das heißt mit Zuständen, in denen keiner mehr sehen und hören oder gesehen und gehört werden kann. Ein jeder ist nun eingesperrt in seine Subjektivität wie in eine Isolierzelle, und diese Subjektivität wird darum nicht weniger subjektiv und die in ihr gemachten Erfahrungen darum nicht weniger singulär, weil sie ins Endlose multipliziert erscheinen. Eine gemeinsame Welt verschwindet, wenn sie nur noch unter einem Aspekt gesehen wird.*[23]

Erstaunlich, wie es den Corona-Konstrukteuren gelungen ist, beide von Arendt genannte Fälle zu vereinigen: Da ist zum einen die (von demokratischen Gewaltherrschern) verordnete Isolation der Menschen. Zum anderen die Übersteigerung eines einzigen Aspekts ins Gigantische, (die Angst vor dem Tod), was den

Rückzug des Einzelnen in die Subjektivität und Privatisierung zur Folge hat.

Trotz aller gegenteiligen Verlautbarungen (»One world: Together at home«[24] – Glieder einer ungeheuren, in sich einstimmigen Familie) ist die gemeinsame Welt nicht etwa zusammengewachsen, sondern noch einmal, und diesmal vielleicht endgültig, verschwunden, da sie nur noch unter diesem einen einzigen Aspekt (Leben unter allen Umständen zu retten), gesehen wird.

Ist der Erklärungen damit genug? Hier noch ein Versuch:

Die Tatsache, dass sich bereits vor den offiziellen Hygienemaßnahmen eine nicht unerhebliche Anzahl von Sensationsstrebern fand, die in vorauseilendem und vorbildschaffendem Gehorsam Masken trugen und sich als Blockwarte aufspielten, lässt den Gedanken aufkommen, ob nicht schon lange vorher eine innere Bereitschaft vorgelegen hat, das, worauf man jahrelang ausgerichtet worden war, endlich Wirklichkeit werden zu lassen: den Ernstfall.

Plötzlich entstand unter den Bewohnern des Freizeitparks eine Lust zu spielen, ein ungeheurer Drang, Folgerichtigkeit zu erzwingen. Vielleicht gerade weil – entgegen allen Beteuerungen – so wenig auf dem Spiel stand. Jedenfalls war nicht das eigene Leben bedroht, sondern das der Alten, derer in Italien, im fernen New York ... Eine Spiel-Lust, ein Lustspiel, das sich mit

Angstlust wohlig vermischte. Und warum auch nicht? Eine Gesellschaft, die keine Kriege, Hunger und echten Seuchen mehr kennt, keine blutigen Umstürze, die im Wohlstand erstickt wie im Märchen vom süßen Brei, hedonistisch und zugleich schuldbeladen, gefangen zwischen Langeweile und Anpassungsdruck, bekommt Geschmack, mal etwas neues auszuprobieren: eine andere Wirklichkeit zu erschaffen mittels Wirklichkeitssimulation. Ein neues Spiel wird erfunden, mit neuen Regeln. Mit neuen Gewinnern. Und Verlierern.

Dass sich solches nur eine Gesellschaft leisten kann, die keine echten Gefahren mehr kennt, versteht sich von selbst. Eine Gesellschaft, die statt dessen wie gebannt auf die unsichtbaren Gefahren starrt: Atomtod, saurer Regen, Klimawandel und nun – das Virus.

Man hatte es geradezu ersehnt, herbeigewünscht, die Katastrophe, das Ende der Geschichte, das Ende der Welt. Denn die bohrende Leere, die entsteht, wenn die Weltuntergänge immer nur angekündigt werden, aber niemals eintreffen, war nicht mehr auszuhalten.

Es musste etwas her, damit überhaupt etwas geschah. Denn sonst geschieht ja nichts im großen Rauschen der sich gegenseitig überbietenden Schreckensmeldungen. Es musste etwas her, was haptisch erlebbar war und Originalitätswert hatte, denn nach der Klima- und Flüchtlingskatastrophe, nach dem Finanzcrash und den befürchteten Terrorattentaten gelüstete es nach einem anderen Plot. Nach einem, der nun wirklich die Nerven kitzelte. Was bot sich da mehr an als jene Erzählung, die in zahlreichen Hollywood-Filmen schon vorinszeniert worden war: das totale, globale Desaster, das genau dann zuschlägt, wenn alle anderen realen Gefahren auf der Welt unschädlich gemacht worden sind.

Die Ausstattung kannten wir, wir waren mit ihr schon vertraut gemacht worden, lange vorher. Die Bilder waren vorgefertigt, wir mussten sie nur noch in unseren Köpfen abrufen: Menschen in Raumfahreranzügen, vom Virus Befallene, schrecklich Entstellte, hilflos im Koma liegend unter Schläuchen und pumpenden Maschinen, sich stapelnde Leichensäcke, fieberhaft nach einem Impfstoff suchende Forscher … Das Drehbuch war geschrieben, das Setting war da, es ging nur noch darum, die Wirklichkeit in das vorgezeichnete Parallelogramm hineinzuzwingen.

Filme solchen Zuschnitts sind immer paradigmatisch. Scheinbar sind sie weit entfernt von der Wirklichkeit, dabei sind sie es, die Wirklichkeit durch mentalitätsbildende Weichenstellungen entwerfen. Filme sind auf magisch-beschwörende Art zukunftsweisend.

Hannah Arendts Diktum von der »Revolte der Massen gegen den Wirklichkeitssinn« kann vor diesem Hintergrund zugleich als Revolte der Massen gegen die Langeweile verstanden werden. Und gegen die innere Leere.

## 2. Herrschaft der Zahl: die Sehnsucht der Massen nach wissenschaftlichen Beweisen

In der *Corona-Krise* stehen wir vor einem erkenntnistheoretischen Dilemma, das wir mit dem Erfahrungsverlust des modernen Menschen zu begründen versuchten. Doch damit geben wir uns nicht zufrieden. Es sei noch einmal die Frage gestattet: Wie konnte es zu diesem Präzedenzfall einer weltweiten Gleichschaltung kommen?

Von allen Seiten ruft man uns zu: die Bilder!

Ausgerechnet der Verweis auf die unschönen Bilder, die zu vermeiden schon einmal deutsche Staatsraison dazu verleitet hat, die Verfassung außer Kraft zu setzen, wurde abermals dafür bemüht, bei vorgeschobener Gefährdungslage das Gleiche zu tun. Bezeichnend übrigens, dass Bilder von rollenden Militärfahrzeugen und rauchenden Krematorien ausgerechnet in Deutschland – und anschließend in fast allen anderen westlichen Ländern – für eine Zäsur, für ein Umsteuern im vorher eher gelassenen Umgang mit Corona gesorgt haben.

Die Bilder also. Doch damit nicht genug. Das nächste, was jeden, auch den letzten Ungläubigen in die Knie zwingen musste, lautete: die Zahlen!

Was war das auch für ein Zahlenfeuerwerk, das uns täglich um die Ohren zischte: täglich neue Statistiken, Zahlen zur regionalen und weltweiten Verbreitung, registrierte Fälle, täglich neue Ergebnisse eines PCR-Tests, von dem bis heute nicht bekannt ist, was er eigentlich misst. Hochrechnungen zur Infektionsrisikominimierung und sich überschlagende Schätzungen des ominösen R-Wertes. Wir wurden bombardiert mit Erhebungen, Kurven, Diagrammen, Schautafeln und Übersichtskarten, alles hübsch aufbereitet und gefällig gestaltet (so hübsch wie das ansprechende Bildchen eines bunten Noppenballs, der in den Köpfen als das real existierende Corona-Virus herumspukt).

Dies alles war für den Laien nicht durchschaubar, weil es seinen unmittelbaren Erfahrungshorizont überstieg. Es war ein wildes Jonglieren mit Zahlen, eine mediale Pyrotechnik, die zugleich Psychotechnik ist, und die nur einen Zweck verfolgte: nicht den der Aufklärung und rationalen Abwägung, sondern der Emotionalisierung, Einschüchterung und Vernebelung.

Der Beweiskraft eines geballten Zahlenaufgebots war in der Tat jeder hilflos ausgeliefert, vor allem auch deswegen, weil ein Trick zur Anwendung kam: Eine saubere Trennung von Statistik, Phänomen und Bewertung wurde sorgfältig vermieden. Dabei gilt es als Binsenweisheit, dass es unwissenschaftlich und unredlich ist, Zahlen isoliert von Zusammenhängen zu betrachten. Die reine Sprache von Zahlen ist irreführend und manipulativ. So war also alles, was wir diesem unguten Treiben entgegenzuhalten hatten, der Rückzug in den privaten Erfahrungsraum.

Andere beriefen sich auf die Meinung von Autoritäten, die Licht ins Dunkel bringen sollten. *Experten* wurden gerufen, damit sie erklären und einordnen, was es mit den Zahlen auf sich hat. Doch der überschießenden Zahlenmenge war so viel, das selbst jene, die sie produzierten, den Überblick verloren und das Wesentliche vom Unwesentlichen nicht mehr unterscheiden konnten.

Warum Zahlen?

Zahlen beherrschen uns. Nichts, was sich nicht in Zahlen ausdrücken ließe und statistisch berechnet wird: Das Gelingen von Partnerschaft ebenso wie Lebensqualität. Punktbewertungen von Hotels und Arztpraxen gehen uns gleichermaßen flott von der Hand wie die Ermittlung von Glücksquotienten. Wir berechnen den Kalorienverbrauch beim Treppensteigen und die Leistungsfähigkeit unseres Staubsaugers. Wir erstellen Geburtenraten und Beschäftigungsquoten. Risikoabschätzung, Rankings und Kurswertbestimmungen gehören zu unserem Alltag, ganz zu schweigen von all den Evaluierungsexzessen, denen wir in einer bürokratisierten Welt ausgesetzt sind. Nichts, was nicht dem mathematischen Imperativ unterworfen wäre. Selbst Gefühle drücken wir in Zahlen aus. Wir zählen unsere Freunde auf Facebook und die Likes auf Twitter. Wir sammeln Treuepunkte beim Einkauf. Wir erstellen Raten, Quoten, Tarife, Koeffizienten. Ist der Mensch die Summe aller Daten?

Wir halten uns an die Beweiskraft von Zahlen, denn diese sind rein, unverdächtig, immer objektiv. Sie geben Schutz, denn was messbar ist, ist auch steuerbar. Sie vermitteln die Illusion von Wahrheit. Sie fixieren die Wirklichkeit, in der sonst alles fließend, gleitend, unfassbar ist. Die Vorstellung, in der Mathematik verkörpere sich das Höchstmaß an Exaktheit, ist die Grundlage modernen Lebens.

Wir rechnen alles durch und kalkulieren jedes. Das Quantitative hat das Qualitative überholt. Doch längst haben wir das Rechnen den Maschinen überlassen. Elektronische Rechenmaschinen übernehmen für uns Denkaufgaben. Daten und Informationen sind die Handelswährung der neuen Zeit. Der Erdball ist ein pulsierendes Gebilde aus Datenströmen und Informationsflüssen. Zahlen sind die Grundlage der digitalen Revolution. Der binären Logik des Computers entspricht das Schwarz-Weiß-Denken in Gut und Böse.

Angefangen hat es aber schon viel früher: Die Entdeckung und Etablierung der Zahl als Code für die Wirklichkeit gilt als beispiellose Erfolgsgeschichte. Sie verhieß dem Menschen einst den Sieg der Aufklärung, der Vernunft, des logischen Denkens über eine mythisch verklärte Welt. Erst mit der Zahl ist unsere abendländische Form von Wissenschaft möglich geworden und mit ihr das uns prägende kapitalistische

Wirtschaftssystem. Beides entwickelte sich synchron. Begriffe wie Expansion und Wachstum sind mit Zahlen untrennbar verwoben. Der Kommerz gehorcht der Rechenlogik.

Nun haben sich aber beide Disziplinen von ihrem Gegenstand längst losgelöst: Die Erfolge der Finanzwirtschaft beruhen nicht mehr auf der Deckung durch reale Wirtschaftsleistung und auch die moderne Wissenschaft ist nur noch ein Rechnen in Modellen. Die Irrealität der Finanzmärkte entspricht der Irrealität akademischer Diskurse.

Es ist die Abstraktion, der die natürliche Unmittelbarkeit zum Leben fehlt, und die uns eben dieses Leben schwer macht. Das Rechnen in Modellen ist ein Irrtum. Denn genauso wie die Wirklichkeit der Bilder mit der Wirklichkeit der Welt gleichgesetzt wird, verfallen wir der Fehleinschätzung, die Modelle seien das Leben. Und die Simulation auf dem Bildschirm sei das tatsächliche Geschehen.

Ein schmaler Grat hat sich aufgetan zwischen evidenzbasiert und spekulativ.

Und hier stoßen wir auf eine weitere Analogie: Die in Modellen hergeleitete *Klimakrise* und die gleichfalls in Computer-Modellen aufgebaute *Corona-Krise* sind, anders als behauptet, eben nicht evidenzbasiert, sondern rein spekulativ.

Verhielte es sich anders, stellte sich schnell heraus, dass die exponentielle Steigerung der Infektionszahlen einem multikausalen Geschehen zuzuordnen ist. Die Geschichte hat gezeigt, dass Seuchen immer ein unerwartetes, spontanes Ende finden, das sich nicht mit der medizinischen Eindämmung und der Wirksamkeit von Maßnahmen erklären lässt. Als habe eine Seuche einen inneren Willen, wie ein Lebewesen. Genauso wie das Klima einem eigenen, launischen Lebenswillen folgt … Doch das zu erkennen und zu akzeptieren, wird dem Menschen durch die Illusion einer allseitigen Berechenbarkeit und damit Steuerbarkeit aberzogen.

Wir fallen in den tiefsten Aberglauben zurück.

Gemeinhin geht man davon aus, Zahlen seien rational. Und Wissenschaft sei immer neutral.

Doch das ist sie längst nicht mehr. Vielleicht war sie es nie.

Sie hat sich einer Zahlenmagie hingegeben, die umso wirksamer ist, je undurchdringlicher sie ihr Gespinst an Abstraktionen webt. Nicht ohne Grund wurde von alters her der Mathematik eine gewisse Mystik zugeordnet, da sie in eine immaterielle Sphäre verweist. Eine Mystik, der eine Quasi-Sinngebung zukommt. Die wiederum der Formel entspricht: Wissenschaft hat die Religion ersetzt.

Kehren wir zurück zum Ausgangspunkt unserer Betrachtung: Für gewöhnlich wird Wirklichkeitsverlust mit Irrationalität in Verbindung gebracht: So lösen sich scheinbar aus der Luft gegriffene Ängste sofort auf, wenn man ihnen mit Vernunft und Verstand begegnet

(z. B. die *irrationale Angst* vor Überfremdung, die den offiziellen Verlautbarungen zufolge, natürlich nirgendwo stattfindet). Schlagen wir bei Hannah Arendt nach, dann werden wir finden, dass sie genau umgekehrt den modernen Wirklichkeitsverlust als Folge zu starken und zu abstrakten Räsonierens beschreibt.

So führt sie in »Elemente und Ursprünge« aus, wie sehr der Gemeinsinn an den Wirklichkeitscharakter der Welt gebunden ist, und wie schnell er Gefahr läuft, den Verstand zu verlieren, sobald er durch Räsonieren versucht, das real Gegebene zu übersteigen. Denn nur vermöge des Gemeinsinns entscheiden wir darüber, ob den sinnlichen Wahrnehmungen Realität zukommt oder nicht.

Arendt sieht sogar eine Korrelation, wenn nicht sogar Kausalität zwischen dem Zwang zum logischen Schlussfolgern und dem Verlust des *gesunden Menschenverstandes.* Es sei das ganze »in sich stimmige Netz von abstrakt logischen Deduktionen, Folgerungen und Schlüssen«, das nur dazu dient, die Menschen »vor dem Schock des rein Tatsächlichen zu schützen«.[25]

Dies schlägt sich am augenfälligsten im Gebrauch der uns gemeinsamen Sprache nieder.

Wir haben bereits gesehen, dass die Verschleierung der tatsächlichen Verhältnisse zum Wesen der Despotie gehört. Genau das geschieht, wenn Sprache verdreht wird. Dies geschieht aber erst recht, wenn menschliche

Verhältnisse in einer unverständlichen Symbolsprache ausgedrückt werden. Diese unverständliche Symbolsprache ist heutzutage die Sprache der nackten Zahl, die, unabhängig von allen Zusammenhängen, als Beweis für die Tatsächlichkeit der Welt herhalten muss.

In ihrem zweiten großen Grundlagenwerk »Vita activa« beschreibt Arendt die Grundlagenkrise der Wissenschaften, die ihrer Sicht zufolge darin besteht, dass eine radikale Trennung von Erkennen und Denken vollzogen wird. Was sich wiederum darin ausdrückt, dass Wissenschaftler die von ihnen kreierte wissenschaftliche Symbolsprache nicht mehr in die Alltagssprache zurückübersetzen können:

> *Aber auch abgesehen von diesen letzten, noch im Ungewissen liegenden Folgen hat die Grundlagenkrise der Wissenschaften ihre ernsten politischen Aspekte. Wo immer es um die Relevanz der Sprache geht, kommt Politik notwendigerweise ins Spiel; denn Menschen sind nur darum zur Politik begabte Wesen, weil sie mit Sprache begabte Wesen sind. Wären wir töricht genug, auf die von allen Seiten neuerdings erteilten Ratschläge zu hören und uns dem gegenwärtigen Stand der Wissenschaften anzupassen, so bliebe uns nichts anderes übrig, als auf das Sprechen überhaupt zu verzichten. Denn die Wissenschaften reden heute in einer mathematischen Symbolsprache, die ursprünglich nur als Abkürzung für Gesprochenes*

*gemeint war, sich aber hiervon längst emanzipiert hat und aus Formeln besteht, die sich auf keine Weise zurück in Gesprochenes verwandeln lassen. Die Wissenschaftler leben also bereits in einer sprach-losen Welt, aus der sie qua Wissenschaftler nicht mehr herausfinden. Und dieser Tatbestand muss, was politische Urteilsfähigkeit betrifft, ein gewisses Misstrauen erregen.*[26]

Was bedeutet das für das menschliche Miteinander?

Wenn dem Expertentum und der Wissenschaft, der wir uns anvertrauen, die Bodenhaftung und der Kontakt zu einer gemeinsamen Welt (common sense) abhanden kommt, die sich in einer gemeinsamen Sprache ausdrückt, verlieren wir in einem Klima allgemeiner Verwirrung das Vertrauen nicht nur in unsere eigene Wahrnehmungsfähigkeit, sondern in das grundsätzliche Erkenntnisvermögen des menschlichen Geistes.

Wir sperren uns in die Isolierkammer reiner Subjektivität (jeder in seiner eigenen Blase).

Wenn Menschen keine gemeinsame Sprache mehr haben, in der sie sich austauschen können, dann ist nicht nur ihre gemeinsame Welt in Stücke gegangen, dann ist auch der Zeitpunkt gekommen, wo sie sich selbst als überflüssig erweisen und den Maschinen, die diese Sprache besser beherrschen, das Feld räumen müssen.

Genau dies sieht Arendt am Werk:

*Es zeigt sich nämlich, dass die »Wahrheiten« des modernen wissenschaftlichen Weltbildes, die mathematisch beweisbar und technisch demonstrierbar sind, sich auf keine Weise mehr sprachlich oder gedanklich darstellen lassen. Sobald man versucht, diese »Wahrheiten« in Begriffe zu fassen und in einem sprechend-aussagenden Zusammenhang anschaulich zu machen, kommt ein Unsinn heraus (…). Wir wissen noch nicht, ob dies endgültig ist. Es könnte immerhin sein, dass es für erdgebundene Wesen, die handeln, als seien sie im Weltall beheimatet, auf immer unmöglich ist, die Dinge, die sie solcherweise tun, auch zu verstehen, d. h. denkend über sie zu sprechen. Sollte sich das bewahrheiten, so würde es heißen, dass unsere Gehirnstruktur, d. h. die physisch-materielle Bedingung menschlichen Denkens, uns hindert, die Dinge, die wir tun, gedanklich nachzuvollziehen – woraus in der Tat folgen würde, dass uns gar nichts anderes übrigbleibt, als nun auch Maschinen zu ersinnen, die uns das Denken und Sprechen abnehmen.*[27]

## 3. »Das Leben schützen«: die Lüge von der Selbstlosigkeit

Um uns zu schützen, werden Grundrechte außer Kraft gesetzt. Um Leben zu schützen, werden lebensfeindliche Maßnahmen durchgeführt.

Maßnahmen wie jene, ausgerechnet alte Menschen zu isolieren, die nichts dringlicher brauchen, als in ihren letzten Lebensjahren Beistand, Fürsorge und Nähe von ihren Angehörigen zu erfahren.

Alte Menschen leiden am meisten unter der *Corona-Krise,* aber nicht, weil sie von dem Virus besonders hart getroffen werden, sondern weil besserwissende Philanthropen sie in soziale Isolierzellen sperren und mit Hygiene-Vorschriften davon abhalten, sich am normalen Leben zu beteiligen. Als neueste Errungenschaft gelten in Altersheimen eingesetzte gläserne Boxen, in denen die Unglücklichen Besuch hinter einer Scheibe empfangen dürfen – wie Schwerverbrecher in amerikanischen Hochsicherheitsgefängnissen sitzen sie hinter Glas und telefonieren mit ihrem Gegenüber. In der gängigen Marketing-Sprache klingt das so: »Diese Box bringt die Liebe zurück ins Altersheim«.[28]

Seit Corona gehen Bewohner von Pflegeeinrichtungen nicht mehr zum Arzt, weil sie fürchten, anschließend in die Quarantäne abkommandiert zu werden. Lebensnotwendige Operationen und Behandlungen werden aufgeschoben, weil Betten in Krankenhäusern für Corona-Notfälle freigehalten werden. Indes herrscht gähnende Leere auf deutschen Intensivstationen. So schafft man es, dass Menschen sterben. Wenn auch an ganz anderen Ursachen.

Auch besteht inzwischen die übereinstimmende Auffassung, dass die meisten Todesfälle in Italien (teilweise auch in den USA) auf das Konto eines unsinnigen wie hysterischen Notfall-Aktionismus zurückzuführen sind, vor allem auf die übertriebene invasive Behandlung (Intubation, Verabreichung eines giftigen Medikamenten-Cocktails, das schwerste Nebenwirkungen auslöst), die den Patienten, auch ohne Infektion mit dem neuartigen Virus den letzten Todesstoß gibt.

So schlägt der Schutz des Lebens in Würdelosigkeit um. Und mehr noch: in sein genaues Gegenteil. Es drängen sich Zweifel auf, wenn Wortführer des Lebensschutzes bedingungslose Vernachlässigung anordnen. Ist ihnen wirklich daran gelegen, was sie sagen oder verbirgt sich hinter hohler Rhetorik womöglich etwas anderes?

Und wie war es noch mal vor Corona? Wäre es wirklich schon immer darum gegangen, Leben zu schützen, jedes einzelne, hätten sich politische Entscheidungsträger angesichts des eklatanten Sicherheitsverlusts im öffentlichen Raum nicht anders verhalten müssen als wir es in den vergangenen Jahren zu sehen bekamen? Statt dessen wurde tatenlos (und sprachlos) dabei zugesehen, wie vor allem Frauen und

Mädchen einer angestiegenen Gewaltkriminalität ausgesetzt waren (und sind). Doch scheinbar ist das Leben all jener, die umgekommen sind, nicht der Rede und auch keiner Bemühungen wert, und die wachsende Tendenz, einem Gewaltdelikt zum Opfer zu fallen, keiner Eindämmung bedürftig.

Wo ist da der Schutz des Lebens? Haben wir etwas missverstanden? Oder haben wir es mit einer Hierarchie der zu Schützenden zu tun?

Im Lügengespinst eines organisierten Blendwerks ist jene Lüge am schlimmsten, an die der Lügner selbst glaubt.

Auf dem (vorläufigen) Höhepunkt der Corona-Performance tauchte ein Plakat des Fruchtgummi-Herstellers Katjes auf, auf dem man den überdimensionierten Kopf einer steinalten Dame zu sehen bekam. Das Gesicht faltendurchfurcht, aber gepflegt, ein feines Lächeln auf den rot geschminkten Lippen, vor bonbonfarbenem rosa Hintergrund. »Jedes Leben ist wertvoll« prangte als Schriftzug daneben. Und darunter der Hashtag #achtetaufeinander.

Es ist bekannt, dass der Fruchtgummi-Riese im Jahr 2016 auf rein vegetarische Produktion umgeschwenkt ist, just zu dem Zeitpunkt, als durch den Zustrom von Neubürgern mit alternativen Speisegewohnheiten sich ihm ein neuer Absatzmarkt erschloss. Durch das Umschwenken auf vegetarische Produktion hat er sich eine Klientel nicht nur im urbanen Milieu eines hippen zeitgeistigen Life-Style-Publikums gesichert, sondern auch eine halale Kundschaft dazugewonnen. Gewinn mit bestem Gewissen (Slogan: »Katjes Mission für mehr Nachhaltigkeit! Um die Welt ein Stückchen besser zu machen, tun wir eine ganze Reihe kleiner und großer Dinge – und zwar aus Überzeugung!«).[29] Die Zusicherung nun, dass keine Schweine-Gelatine, ja überhaupt keine tierischen Bestandteile verwendet werden, um Leben zu schützen vor dem grell angeleuchteten Hintergrund des Corona-Spektakels – ist das Parodie oder bitterer Ernst? Es wird das Leben von Schweinen mit dem der Menschen gleichgestellt – ist das noch Würde?

Nicht genug, dass ein perfides Spiel getrieben wird, in dem mit Hilfe von Virtue-Signalling Geschäfte gemacht werden, so haben wir es hier vor allem mit einer besonders krassen Form von Entmenschlichung zu tun.

»Der Lebensschutz ist in sich grenzenlos«, sagte Egon Flaig in seinen kürzlich veröffentlichten »Meditationen über Corona«. »Der Mensch sinkt beim entgrenzten Schützen seines Lebens unter den Status eines Tieres.«[30]

Er meint damit beim entgrenzten Schützen menschlichen Lebens. Doch wie sieht es aus, wenn entgrenzte Gleichheits-Aktivisten dahergehen, jegliches Leben zu schützen? Dass der Mensch durch progressive Egalisierungsbestrebungen zumindest dem Status des Tieres angeglichen werden soll, ist ja schon längst Ziel der

Reise. Eine Spielart dieser Bestrebungen drückt sich im Anti-Speziezismus aus (erklärtes Ziel: der *Kampf* gegen die Ausbeutung »nicht-menschlicher Tiere«). Die Devise von Peta besagt: »Ausgrenzung beginnt dort, wo Diskriminierung gerechtfertigt wird – sei es durch Kategorien wie Ethnie, Alter, Geschlecht, sexuelle Orientierung oder Zugehörigkeit zu einer Spezies.«[31] Schließlich ist die Gattungsgrenze zwischen Mensch und Tier auch nur ein Konstrukt. Vor allem ist sie fließend ...

Was lernen wir daraus? Die Tierbefreiung schreitet mit heftigem Furor voran und erfährt eine ethisch-philosophisch-wissenschaftliche Unterfütterung. Es ergreift und erbittert uns, wenn Nutzvieh in Kastenstände gesperrt wird. Welch eine Barbarei! Aber es macht gar nichts, wenn wir Menschen in die psychologischen Isolierzellen des Social Distancing zwingen – es ist nur zu ihrem Besten.

Für Hannah Arendt ist dies ein weiteres Merkmal der Grundlagenkrise in den modernen Naturwissenschaften: Ihrer Auffassung zufolge wird der Mensch im Zuge einer allgemeinen Naturalisierung zu einem Spezialfall organischen Lebens degradiert, und damit wird ein Schritt vollzogen, mit dem sich die Wissenschaft endgültig von anthropozentrischen und humanistischen Anliegen emanzipiert. So sieht Arendt die moderne Naturwissenschaft von dem Paradoxon heimgesucht, dass »der Mensch je mehr Wissen und Macht er als Wissenschaftler erringt, er umso weniger Respekt für sich, der all dies erreichte, verbuchen kann.«[32]

Noch ein anderes Kräfteverhältnis können wir in diesem Zusammenhang feststellen: Je kleiner der Mensch sich macht, desto größer der moralische Druck, der auf ihm lastet.

Schon im vergangenen Kapitel deutscher Geschichte mit dem Namen Willkommenspolitik spielten Begriffe wie Empathie, Verantwortung, Herz (statt Hetze) eine wichtige Rolle und waren Schlagworte, die in ihrem überschäumenden Pathos ein Mittel der Emotionalisierung darstellten.

In Corona-Zeiten erleben wir das Gleiche, sogar noch gesteigert: Allenthalben bekommen wir die Beschwörungsformeln von Solidarität, Rücksichtnahme, gegenseitiger Achtung und Verantwortung um die Ohren gehauen. Wir werden mit gesinnungsethischen Grundsätzen bombardiert, bei denen es nur scheinbar um das geht, was sie vorgeben. Vielmehr haben wir es mit einer moralischen Erpressung zwecks Gefügigmachung zu tun. Und das gelingt hervorragend. Schließlich will jeder gut sein. Schuldig will sich niemand machen. Denn mit Schuld können wir nicht umgehen …

Es ist ein Tugendmechanismus, der einer Formel gehorcht, die wir schon aus den anderen Versuchsanordnungen (Klima, Migration, Minderheiten) kennen, und die nun auch im Corona-Planspiel zur Anwendung kommt: Stelle dein eigenes Wohl unter das des

Gemeinwohls. Denn: Wenn es allen gutgeht, wird es auch dir gut gehen. Sei nicht egoistisch!

Im gegenteiligen Fall ist der Bannspruch gewiss: Wenn du dein eigenes Wohl über das der Schutzbedürftigen stellst, werden sie alle sterben! (die Flüchtlinge im Mittelmeer, die alten Leute). So wird folgerichtig Virus-Leugnern, Corona-Party-Feiernden, ja schon dem Skeptiker und Zweifler, der sich nicht an die Regeln hält, Egoismus vorgeworfen. Und damit ein Mitverursachen des Todes anderer.

Merke:

Im proportionalen Verhältnis dazu, wie der Gemein-Sinn und das Gemeinsame schwinden, wächst umso mehr der Druck, alles Menschenmögliche für das *Gemeinwohl* tun.

Merke auch:

In der *Corona-Krise* wird zwar jede Menge Angst erzeugt (Angst vor dem Tod), doch der Appell, sich doch bitte an die Regeln zu halten, richtet sich nicht an die Selbstschutzinstinkte des einzelnen (ich möchte mein eigenes Leben retten), sondern immer daran, zuallererst die anderen im Blick zu behalten. Das Leben der anderen ist stets wichtiger als meine eigenen egoistischen Interessen (die darin bestehen, auszugehen, frei atmen zu können, Menschen zu berühren ...). Interessen, die ich als guter Bürger zurückzustellen habe.

Erinnern wir uns, was Hannah Arendt sagte?

Der Instinkt für Selbsterhaltung geht in totalitären Systemen vollkommen verloren.

»Selbstlosigkeit« tritt auf den Plan, »aber nicht als Güte, sondern als Gefühl, dass es auf einen selbst nicht ankommt, dass das eigene Selbst jederzeit und überall durch ein anderes ersetzt werden kann.«[33]

Und wieder einmal nimmt man enthusiastisch und ganz selbstlos einem höheren Zweck zuliebe die Selbstschädigung in Kauf: Selbstschädigung tritt ein, wenn wir einen wirtschaftlichen Zusammenbruch in Kauf nehmen. Selbstschädigung bedeutet aber auch, Mundschutz zu tragen (der den eigenen Atem beeinträchtigt) und dadurch sich selbst und seine eigene Urteilskraft zu verleugnen.

Wir sind also bereit, die ökonomische Basis, aber auch die individuell-gesundheitliche Basis unseres Gemeinwohls für eine höhere Form von *Gemeinwohl* zu opfern.

Das ist die neue Wertehierarchie: Weg von der individuellen Freiheit, hin zum Glück, das kollektiv organisiert werden soll.

Aber ist das Bewahren des nackten Lebens wirklich Glück? Hat denn das physische Leben, das Überleben wirklich Priorität? Auf welche ethischen Prämissen stellen wir uns dabei?

Aus der europäischen Geistesgeschichte wissen wir, dass die philosophischen und religiösen Traditionen diese Frage immer verneint haben, denn hinter der

Priorität des Lebenserhalts um jeden Preis verbirgt sich ein weltanschaulicher Materialismus, der dem Leid und dem Tod die spirituelle Dimension raubt. Wenn man Leben nur noch als biologischen Prozess begreift, verengen wir unsere Sicht auf den Menschen und reduzieren ihn auf eine dürftige Daseinsform. Darüber hinaus erwächst aus solchen Erwägungen auch die irrige Vorstellung, Gesundheit sei stets machbar und sogar steigerbar, und ein jeder habe das Recht, diese einzufordern.

In der abendländischen Philosophie hingegen gab es immer etwas anderes, das dem bloßen Lebenserhalt gegenübergestellt wurde: die Freiheit des Individuums. Da ohne Freiheit das Leben als nicht lebenswert erachtet wurde. Im theologischen Verständnis war es die Heilung der Seele (nicht die des Leibes), die man als höchstes Gut anerkannte. Leben zu erhalten erschien als kurzfristiges Glück, das gegenüber der Unsterblichkeit der Seele verblasste.

Es sind dies Gedanken, die heutzutage nicht mehr geläufig zu sein scheinen.

Heute geht es darum, Leiden (und zwar jegliches Leiden) unbedingt zu verhindern. Doch könnte es nicht sein, dass, wer Leiden um jeden Preis verhindern will, das Leiden nur noch vergrößert? Und wenn es als oberster Wert gilt, Leiden zu vermeiden, ergibt sich daraus nicht in der Konsequenz: die Vermeidung von Leidenden?

Im Jahre 1942 verfasste Hannah Arendt mehrere Beiträge für die deutsch-jüdische Emigrantenzeitung »Aufbau«. In einem dieser Beiträge, stellte sie sich der Frage, warum die jüdische Bevölkerung dem Hitler-Regime so erschreckend wenig Widerstand entgegensetzte (sie wollten durch Anpassung und Unauffälligkeit ihr Leben retten). Dabei schrieb sie folgende Zeilen:

*Es war einmal eine glückliche Zeit, als Menschen frei wählen konnten: Lieber tot als Sklav', lieber stehend sterben, als auf den Knien leben. Und es war einmal eine verruchte Zeit, als schwachsinnig gewordene Intellektuelle erklärten, das Leben sei der Güter höchstes. Gekommen ist heute die furchtbare Zeit, in der jeden Tag bewiesen wird, dass der Tod seine Schreckensherrschaft genau dann beginnt, wenn das Leben das höchste Gut geworden ist; dass jeder, der es vorzieht, auf den Knien zu leben, auf den Knien stirbt, dass niemand leichter zu morden ist als ein Sklave. Wir Lebenden haben zu lernen, dass man auf den Knien noch nicht einmal leben kann, dass man nicht unsterblich wird, wenn man dem Leben nachjagt, und dass, wenn man für nichts mehr sterben will, man stirbt, obwohl man nichts getan hat.*[34]

Bleiben wir misstrauisch, bleiben wir wachsam gegenüber einer schwülstigen Rhetorik, hinter der sich psychologische Konditionierung verbirgt. Die impertinenten Wiederholungen von moralischen Grundsätzen sind eine Art Hypnose-Technik, die dazu dient, uns neue Denk- und Verhaltensstandards anzuerziehen.

Lassen wir uns nicht von begrifflichen Platzpatronen blenden.

Und überhaupt, wie passt dieser mit Inbrunst und schmetternden Trompetenstößen vorgetragene Grundsatz vom Schutz des Lebens zusammen mit dem neuen Sterbehilfegesetz?

Das passt überhaupt nicht. Oder doch?

Es passt so: Wir leben in phantastischen Zeiten und an so etwas Schnödem wie Krankheit darf nicht mehr gestorben werden. Deswegen passiert es einigen über 80-Jährigen, wenn sie eine Lungenentzündung bekommen, dass sie (ungefragt) intubiert werden – und danach versterben sie an den Folgen des Eingriffs. Wenn aber eine Krankheit, an der sie chronisch leiden, unheilbar ist, dann bringe man sie am besten dazu, die freie Entscheidung zu treffen und ihrem Leben (das unter diesen Umständen keines mehr ist ...) ein Ende zu setzen.

Der Tod darf nicht Schicksal sein, sondern immer Option. Wie alles andere auch im Warenkatalog dieser Welt.

Am Ende müssen wir darauf gefasst sein, dass, wer Leben explizit zu schützen vorgibt, es in Wirklichkeit vernichten will. Jedenfalls gilt das für menschliches Leben, das heutzutage in der Wertehierarchie so niedrig angesiedelt ist wie nie zuvor in der Geschichte.

## 4. Alltagsmaske: die Folgerichtigkeit frei erfundener Systeme

Die Alltagsmaske – ihr Name sagt es schon – suggeriert Normalität. Was vorher neu, ja undenkbar war, ist nun alltäglich. So soll und so wird es bleiben.

Es ist ja nur ein Stück Stoff, heißt es. Und beim Design dürfen wir frei wählen … Unfassbar, wie viel Spielraum man uns lässt. So viel Freiheit war noch nie!

Wer sich solcher Argumentation bedient, der verkennt den Symbolwert, der einem Stück Stoff innewohnt. Haben wir vergessen, welch hitzige Diskussionen um das Kopftuch muslimischer Frauen geführt wurden, das in den Augen der einen als Unterwerfungsgeste galt, in den der anderen als Ausdruck individueller Entscheidung?

Wir sind nicht überrascht, wenn sich Mitglieder einer kollektivistisch sozialisierten Gesellschaft dem Verhüllungsgebot unterwerfen. Aber dass sich Verteidiger unserer eigenen aufgeklärten Werte ohne mit der Wimper zu zucken einen Mini-Niqab umhängen würden – wer hätte das gedacht? Es geht sogar so weit, dass man nicht einmal davor zurückschreckt, selbst (Klein)kindern das Gesicht zuzuhängen. Alles zu unserem Schutz? Und dem der anderen? Alles dazu da, um dem Pesthauch des Todes zu entkommen?

Die Lächerlichkeit liegt auf der Hand. Die Frechheit der Lüge ist (im tiefsten Wortsinn) atemberaubend. Sie ist ein weiterer Angriff auf unseren *gesunden Menschenverstand*. Und ein Angriff auf unsere Würde. Denn die Maske ist auch und vor allem ein Instrument, ihre Träger zu erniedrigen und sie einer Hammelherde von Systemgläubigen zugehörig zu machen. Sie ist ein Symbol dafür, dass wir die längste Zeit eine freiheitliche und freiheitsliebende Gesellschaft waren. Wir erleben eine Gesellschaft, die quasi über Nacht einer kollektivistischen Ideologie verfallen ist. Wer sich maskiert, hat sich markiert.

Was ist das auch für ein zum Himmel schreiender Widerspruch: Gestern noch (zu Beginn der *Pandemie*) war die Maske von *Experten* und Politikern als untauglich verworfen worden, heute jedoch, nach Rückgang der Fallzahlen (sagen wir ruhig: nach dem Ausbleiben der *Pandemie*) ist sie eiserne Pflicht.

Machen wir uns nichts vor: Die Schutz- oder Alltagsmaske hat genauso viel mit dem Schutz der Bevölkerung zu tun wie der Klapperstorch mit dem Kinderkriegen. Im Gegenteil, sie gefährdet die Menschen, schädigt sie. Dass sie medizinisch kontraindiziert ist, ist an vielen Stellen unter Berufung auf wissenschaftliche Studien und evidenzbasierte Daten kommuniziert worden.

Warum wird sie durchgesetzt?

Der Mensch ist ein von Gott durch den Atem beseeltes Wesen. Der göttliche Lebenshauch ist das Versprechen, dass der Mensch eine Einzelseele besitzt und diese unsterblich ist. Davon abgeleitet könnte man sagen, dass man uns mit dem Abpressen des Atems die Seele austreiben möchte. Es ist der Raub der Seele durch Materialisierung – durch Reduzierung des Menschen auf seine materielle Zusammensetzung. Und nichts anderes verbirgt sich hinter dem Konzept der Corona-Spektakels: die Verwandlung der Menschen in Apparate. Schließlich ist der menschliche Organismus darauf angewiesen, dass ein- und ausgeatmet wird (nur eine Maschine muss das nicht tun). Wird der Mensch daran gehindert (durch gezielte Angsterzeugung oder durch die Schutzmaske), so wird er krank, und manch einer stirbt.

Nicht atmen zu können, weil man uns Nasenlöcher und den Mund verstopft, macht Angst. Angst verursacht Luftnot. Ein Zufall oder Absicht, dass die Schutzmaske genau jene Symptome hervorruft, die bekämpft werden sollen?

Und wieder einmal kommen wir zu dem Schluss, dass die von der neuartigen Sanitätsdiktatur ausgerufenen Schutzmaßnahmen in Wahrheit Einschüchterungshandlungen sind.

Erstaunlich und beunruhigend nur, mit welcher Bereitwilligkeit der bevormundende Lappen vor dem Mund getragen wird. Statt *Gesicht zeigen!* gilt nun das Vermummungsgebot – und alle machen mit!

Freilich ist die scheinbar rein sanitäre Maßnahme tatsächlich eine auf Reinerhaltung abzielende, doch müssen wir die allseits strapazierte Terminologie von Hygiene in diesem Fall allegorisch verstehen: In der gleichen Weise wie das Kopftuch die Tugendhaftigkeit und Reinheit seiner Trägerin bezeugt, ist die Maske das Symbol für den Reinheitsfanatismus der Moralisten. Wer sie trägt, bezeugt, dass er sauber geblieben ist, und dass er nicht die Linie auf dem Boden überschritten hat …

Der Übergang von der physischen Reinerhaltung zum geistigen Reinheitszwang einer aseptischen Gesinnung ist wie immer fließend. Vor kurzem war es noch die überschaubare Gruppe der *Populisten,* die, weil sie ansteckend wirkten, isoliert werden mussten. Heutzutage ist es jedermann, weil jeder eine Virenschleuder ist. So erleben wir Kontaktschuld in ganz neuer Auslegung.

Die Symbolhaftigkeit indes kann noch weiter getrieben werden:

Ein beredteres Accessoire als den Maulkorb kann es nicht geben. Er steht als Sinnbild dafür, dass keine Kontroversen zugelassen werden – weder im politischen noch im wissenschaftlichen Bereich, und dafür, dass wir einen geistigen Erstickungstod sterben: Mit dem Lappen vor dem Gesicht schützen wir zwar weder uns noch andere, sind aber dazu verdammt, unsere eigenen Gedankenexkremente wieder und wieder einzuatmen.

Auf betrübliche Weise kommen hier zwei Narrative zusammen, die sich gegenseitig durchdringen: Ist es Ironie oder Folter, dass wir etwas einatmen müssen, das sowohl in der Klima-Krise als Gift ($CO_2$) als auch in der *Corona-Krise* als hochgradig gefährlich gilt (kontaminierte Atemluft)? Wie gut, dass ein weisheitsvolles Zentralkomitee wie das der WHO rechtzeitig erkannt hat, wer die wahren Menschheitsfeinde sind: $CO_2$ und Covid-19. Der Gedanke liegt nahe, dass es sich beim Maskenzwang um ein Disziplinierungsverfahren handelt, das den Klimasünder für seinen unverantwortlichen Ausstoß an $CO_2$ gerecht bestraft: indem man ihn dazu zwingt, das schädliche Gas selbst einzuatmen …

Schon unter der fingierten *Klimakatastrophe* wurde der Mensch als Bedrohung für die Natur definiert. Seit Corona hat sich herausgestellt, dass der Mensch der Verursacher noch viel größerer Schrecken sein kann. Er ist eine Gefahr für sich und die anderen.

Was lernen wir daraus? Dass es für die Natur, für die Welt, für das Klima, für die anderen besser wäre, wenn es den Menschen nicht gäbe? Wenn er sich gleich ganz abschaffte?

Es ist immer lohnenswert zu reflektieren, welches Menschenbild dem jeweiligen Zeitgeist und den daraus extrahierten Großerzählungen zugrunde liegt. Wie oft ist es in der Geschichte vorgekommen, dass verhängnisvolle Wege eingeschlagen wurden, weil die Einschätzung vom Wesen des Menschen einseitig war. Ist der Mensch ein zur Freiheit und zum Guten befähigtes Wesen? Begabt mit freiem Willen? Zur Liebe und zum Geist strebend? Oder ist er eine Kreatur, vor der alle anderen geschützt werden müssen? Ein Irrläufer der Evolution, den man zum Gut-Sein zwingen muss?

Und noch etwas anderes sagen uns die Maske und die neuartige Praxis des *Social Distancing:*

Es wird im Äußeren etwas sichtbar, was sich schon lange vorher im Geistigen verfestigt hat: die Isolation des Einzelnen.

Da ist zunächst die physische Isolation, die darauf hinausläuft, dass Halt- und Bindungslosigkeit sich noch tiefer ausprägen. Wir sind frei schwebende Teilchen, die mit anderen nur noch über Hilfsmittel interagieren können. Nirgendwo wird das so deutlich wie am Bild all jener trüben Gestalten, die auf Klebestreifen am Boden starren und nicht wahrnehmen, was um sie herum geschieht. Berührungslosigkeit erzeugt Beziehungslosigkeit trotz aller Bemühungen, einen digitalen Ausgleich zu schaffen – ausgerechnet durch audio-visuelle Surrogate, die wiederum nur darauf hinauslaufen, dass der Teufelskreis der Vereinzelung sich schließt.

Und dann ist da noch die geistige Isolation.

Gemeint ist die gewaltsam herbeigeführte Trennung von Andersdenkenden, Kritikern und Gegnern durch Kontaktverweigerung. Auf politischer Ebene haben wir derartige Praktiken in den vergangenen Jahren bereits drastisch vor Augen geführt bekommen. Diese haben nun eine höhere Stufe erreicht: So werden Menschen nicht nur voneinander getrennt und im gegenseitigen Austausch behindert, ja sie werden, durch die ausdrückliche Ermunterung zur sozialen Denunziation dazu benutzt, Mitmenschen, die das Virus des Widerstands in sich tragen, unschädlich zu machen. Antikörper in menschlicher Gestalt.

Die Maske beraubt den Menschen seiner Individualität durch Entpersönlichung (er wird zu einem gesichtslosen Teilchen). Darüber kann die individuelle Gestaltung und Farbgebung nicht hinwegtäuschen. Lebendiges Minenspiel wird unmöglich gemacht. Die Unverwechselbarkeit, die sich in den Gesichtszügen ausdrückt, wird ausgelöscht. Wir sehen nicht nur gleich aus, wir sind es. Ein Vorgang, der in der flächendeckenden, globalen Egalisierung seine Entsprechung findet. Nicht umsonst gilt der Grundsatz, das Virus vereinige alle Menschen zu einer Schicksalsgemeinschaft, und: es kenne keine Grenzen. Eine Phraseologie, mit der wir schon beim Märchen von der globalen Erderwärmung bis zum Überdruss gequält wurden.

Und so schreitet die Atomisierung munter voran: Seit Corona erleben wir eine weitere Zerschlagung der Gesellschaft in ihre Einzelteile. Seit Corona tun sich in Familien und im Freundeskreis neue Gräben auf. Überall neue Spaltungen, sogar in den vorher als stabil erachteten politischen Lagern. Als Einzelne werden wir zu Gleichen gemacht, als Gleiche zu Einzelnen. Divide et impera?

Nicht zuletzt ist die Maske aber auch ein Symbol dafür, dass mit der Sache ernst gemacht wird. Entgegen allen medizinischen und wissenschaftlichen Einwänden, entgegen aller Faktizität wird ein Konzept konstruiert, das, obwohl es sich längst als Lüge entpuppt hat, allein durch seine strikte Durchsetzung Plausibilität erhält. Die Maske erschafft Realität durch den schonungslosen Vollzug von offensichtlichem Nonsens – das ist der endgültige Sieg der Fiktion über die Tatsächlichkeit.

Die Maske ist der Beweis dafür, wie sich die Wirklichkeit dem Befehl beugt: Sehe ich draußen auf der Straße Menschen mit Masken herumlaufen, ja selbst Ärzte, die es besser wissen müssten, so kann ich dem nichts anderes entnehmen, als dass das alles wahr sein muss … So kann die Simulation von *Pandemie* als real existierende Seuche aufrecht erhalten werden.

Bewegen wir uns in totalitären Gefilden?

Erstaunlich, wie sich die ehemals passiv-aggressive Haltung des Staates über Nacht in einen molekularen Despotismus verwandelt hat.

Ein Staat, dessen Motto lautet: Wann die *Pandemie* zu Ende ist, bestimme ich!

Wir müssen wachsam sein.

Passen wir auf, und lassen uns unseren *gesunden Menschenverstand* nicht nehmen.

Die Maske, die den Mund verdeckt, tragen wir auf den Augen.

Nehmen wir sie ab, und atmen frei durch, denn wir sind Menschen und keine Roboter.

Schauen wir die Welt an, wie sie wirklich ist!

Oder wir bekommen am eigenen Leibe zu spüren, was Hannah Arendt als Kernelemente totalitärer Systeme herausgearbeitet hat. Die Aussichten sind niederschmetternd:

> *Mit diesen neuen politischen Strukturen, die auf der Grundlage eines Suprasinns errichtet und von dem Motor zwangsläufigen Folgerns angetrieben sind, befinden wir uns in der Tat am Ende des bürgerlichen Zeitalters wie am Ende des Zeitalters des Imperialismus. In der totalitären Welt und in der totalitären Politik spielen weder Profitmotive noch Machthunger eine entscheidende Rolle, und wenn die totale Herrschaft danach trachtet, ihr Territorium zu erweitern und immer neue Gebiete sich*

*einzuverleiben, bis schließlich die Herrschaft über die Erde erreicht ist, so nicht um der Expansion und nicht der Macht selbst willen, sondern einzig aus ideologischen Gründen – um im Weltmaßstab zu beweisen, dass die jeweilige Ideologie recht behalten hat, und um auf der gesamten Erde die fiktive totalitäre Welt zu errichten, deren Stimmigkeit durch keine Tatsächlichkeit mehr gestört werden kann.*[35]

## 5. Digitalisierung und Überwachung: die Transformation der menschlichen Natur

Kannst du es sehen? ruft der Precog Agatha in dem Film »Minority Report«. Immer wieder stößt sie diese flehentliche Frage aus, die sich wie ein Leitmotiv durch die gesamte Handlung zieht.

Kannst du es sehen? Mit diesem Ausruf fordert sie den Protagonisten (Tom Cruise) auf, das an ihrer Mutter begangene Unrecht aufzudecken. Sie meint aber auch das Unrecht, das dem System jener Gesellschaft – wir schreiben das Jahr 2054 – zugrunde liegt. Es handelt sich um eine Staatsform, die auf einer Präventivdiktatur beruht: Mit dem exekutiven Verfahren PreCrime ist es möglich geworden, in der Zukunft stattfindende Ereignisse vorherzusehen, so dass Morde verhindert werden können. Tom Cruise, der von seiner Aufgabe besessen ist, in scheinbar vorgezeichnete Schicksale rettend einzugreifen, wandelt sich vom systemgläubigen ausführendem Organ zum Renegaten, als die PreCogs vorhersehen, dass den nächsten (zu verhindernden) Mord er begehen wird.

Kannst du es sehen? Immer wieder steht diese Frage im Raum. Stets mit ängstlicher wie wissender Betonung ausgesprochen. »Kannst du es sehen? Dieses unbegreifliche Etwas, diese unfassbare Farce, diese verheerende Verschwörung?«[36]

Dabei ist es ein perfekter Mechanismus, der uns vorgeführt wird: Eine Welt ohne Verbrechen, eine Welt ohne Leiden. Dank PreCrime ist diese Utopie Wirklichkeit geworden.

Es ist ein System lückenloser Überwachung. Eine Welt, in der man keinen Personalausweis mehr benötigt, denn alle Bewohner, alle Gegenstände und die automatisch steuernden Magnetfahrzeuge werden zentral erfasst. Auf Straßen, in U-Bahnen und öffentlichen Gebäuden identifiziert man die Menschen mit Hilfe von Retina-Scannern, die an jeder Ecke stehen. Das hat den Effekt, dass Flat Screens auf Plätzen und in Kaufhäusern jeden Kunden mit seinem Namen ansprechen und ihm individuell abgestimmte Werbebotschaften einblenden – so werden die Menschen nicht nur aufdringlich zum Kaufen aufgefordert, sondern dabei auch gleich in ihren Bewegungen erfasst.

Als dieser virtuos inszenierte Science-Fiction-Thriller im Jahr 2002 in die Kinos kam, galt er als wegweisend für die Zukunft, was sich nicht nur der visionären Kraft seines Regisseurs (Steven Spielberg) verdankte. Vielmehr hatte dieser bei der Vorbereitung seines Projekts eine Gruppe von Zukunftsforschern engagiert, die beauftragt wurden, zuverlässige Szenarien für das Leben in fünfzig Jahren zu liefern. Die im Film dargestellten Requisiten galten daher als Trendprognosen für zu erwartende Entwicklungen in der Informationstechnik, dem Automobilbau, der Stadtplanung und der Robotik. Darüber hinaus kann der Film aber auch als philosophische Reflexion über Fragen verstanden werden, die den freien Willen, die Prädestination und die innere Sicherheit betreffen. Es wird die Idee perfekter, sogar das potenzielle Tun der Menschen einschließender Überwachung ausgeleuchtet und zu Ende gedacht: »Es ist der Traum aller Deterministen, die die vollständige Berechenbarkeit und Kontrolle menschlicher Handlungen herbeisehnen – zugleich ein Alptraum in Hinblick auf die Abwesenheit von Freiheit«.[37]

Heute schreiben wir das Jahr 2020 und die im Film prognostizierte Zukunft hat uns beinahe überholt – nicht nur, was technische Erleichterungen und ästhetische Standards angeht, sondern vor allem, wenn wir an die Kontrolle des einzelnen durch den Einsatz ausgefeilter Hightech-Apparaturen denken.

Besonders beunruhigend scheint vor diesem Hintergrund die Super-Fusion von Konsum und Überwachung, weil diese eine neue Selbstverständlichkeit definiert.

Seit Google, Apple und andere Gedankenleser sich anschickten, die Summe unserer Nutzergewohnheiten algorithmisch zu erfassen, wissen sie früher als wir, was wir (kaufen) wollen. Einen freien Willen kann es nicht mehr geben, wenn besagte Großkonzerne Apps bereitstellen, die tief in unsere Datenmengen eindringen und daraus unser – uns selbst nicht zugängliches Unterbewusstsein – konstruieren. Eine Technik, die für Kaufanreize so blendend funktioniert, gilt es nun auch an anderer Stelle einzusetzen: als Präventionsmaßnahme in der Verbrechensbekämpfung, und vor allem im medizinischen Bereich. Stehen ausreichend große Datenmengen zur Verfügung, die durch klug eingesetzte Rechenverfahren ausgewertet werden, braucht man, anders als in Spielbergs Film, die Voraussage durch menschliche PreCogs nicht. Die Zukunft wird von perfekt funktionierenden Algorithmen erstellt.

Seit der *Corona-Krise* beschleunigt sich ein Prozess, der bereits vor vielen Jahren eingesetzt hat: die forcierte Digitalisierung – die *dritte industrielle Revolution.* Welche sich mittlerweile in der vierten fortsetzt – der Installierung der *künstlichen Intelligenz.*

KI hat es freilich schon vorher gegeben. Sie hat – ohne dass ihr Wirken in die breite Öffentlichkeit kommuniziert wurde – an Börsen und Märkten gehandelt und Zeitungsartikel geschrieben. KI steuert demnächst unsere Autos und wird bald Ärzten, Rechtsanwälten, Apothekern, Richtern und Lehrern helfend zur Hand gehen. Viele Berufe sind in den letzten Jahren durch Digitalisierung überflüssig geworden.

Corona hat gezeigt, dass dies alles noch besser geht, dass dieses Spektrum ausbaufähig ist, ja, dass es des Ausbaus dringend bedarf. So gab es fast nichts, was während des Lockdowns nicht online erledigt werden konnte: einkaufen per Mausklick, Home-Office, Home-Schooling. Arztsprechstunden, Gottesdienste, Yoga-Gruppen, Meetings, Konferenzen, sogar Familienfeiern konnten per Skype abgehalten werden – das Leben wurde in den Safe Space des Internets verlegt. Und so wird es bleiben. Und so geht es weiter fort. Stück für Stück wird jede bisher noch manuell oder geistig verrichtete Arbeit in die Rechenzentren der Großkonzerne ausgelagert. Ein entscheidender Etappenabschnitt wird dann erreicht sein, wenn auch das Regieren von den Rechenzentren übernommen wird …

Seit Corona erleben wir die alarmierende Verschmelzung von Big Data und Big Pharma unter der Flagge der Menschheitsoptimierung. Dass es mächtige Profiteure von Krankheiten gibt, ist schon lange kein Geheimnis. Doch dass sich das »Geschäftsmodell Infektionskrankheit«[38] auf derart breiter Basis präsentiert, ist tatsächlich etwas Neues.

So sollen nach dem Willen der WHO, um Influenza weltweit und nachhaltig zu bekämpfen, große Mengen an staatlichen wie privatwirtschaftlichen Geldmitteln in die Verhinderung von Infektionen fließen. Erklärtes Ziel dabei ist zum einen die Erforschung und Verbreitung von Impfstoffen und zum anderen die Etablierung von technischen Frühwarnsystemen. Im Jahr 2019 hat die WHO ein entsprechendes Strategiepapier vorgestellt (»Global Influenza Strategy 2019–2030«).[39] Die Herstellung von Medikamenten und Impfstoffen, die der gesamten Weltbevölkerung alle Jahre wieder zu verabreichen sind, ist das eine. Es geht aber auch um die Überwachung und Kontrolle aller Menschen weltweit, was durch Informationstechnologie und Smartphones spielend leicht zu bewerkstelligen ist. Diese neue Strategie, heißt es in einer Pressemitteilung, ist die umfassendste und weitreichendste, welche die WHO jemals für die Influenza entwickelt hat.

Wussten wir in den Jahren zuvor, dass die Influenza eine solche Geißel ist?

»Die Gefahr einer Influenza-Pandemie ist immer vorhanden«, erfahren wir vom Generaldirektor der WHO Tedros Adhanom Ghebreyesus. »Das Risiko, dass sich ein neuer Influenza-Virus von Tieren auf Menschen überträgt und damit eine *Pandemie* verursacht, ist beständig vorhanden. Die Frage ist nicht, ob wir eine neue *Pandemie* haben werden, sondern wann.

Wir müssen wachsam und vorbereitet sein – die Kosten eines größeren Influenza-Ausbruchs werden die Kosten der Prävention bei weitem übertreffen.«

Wir müssen also darauf gefasst sein, dass das Damoklesschwert der todbringenden Krankheit dauerhaft über unseren Köpfen schwebt: Die Rückkehr der *Pandemie* ist jederzeit möglich!

Für die WHO macht es indes keinen Unterschied, ob das Geschehen nun Influenza oder Corona genannt wird – Hauptsache, die Agenda der Menschheitsbeglückung wird konsequent durchgezogen. Und diese Agenda sieht vor: weltweite Überwachung und flächendeckende Impfung. Unnötig darauf hinzuweisen, dass hier kaum verhüllte Disziplinierungs- und Umformungsabsichten des gesamten gesellschaftlichen Gefüges zum Vorschein kommen. Letzten Endes geht es um die Transformation der menschlichen Natur. Das ist unsere Zukunftsvision.

Wollen wir das?

Die bittere Erkenntnis lautet: Es gibt viele Zeitgenossen, die in ekstatischer Verzückung sofort »Ja!« rufen würden. Begeisterte junge Leute, die im seit Jahren antrainierten Gefahrenabwehrmodus Menschheitsrettungsphantasien vor sich hertragen, die durch Klimaaktivismus und Bekämpfung von Rassismus in die Tat umgesetzt werden sollen. Und nun steht uns die letzte Schlacht bevor: der *Kampf* gegen das »Killer-Virus«.

Dem Untergang des Planeten vorauszugreifen durch smarte Lösungen, ist eine Verführung, in der menschlicher Machbarkeitswahn seine Fratze offenbart. Er ist aber auch ein Sinnstiftungsangebot. Vor allem, wenn er in der Maske des Guten daherkommt.

Was schließen wir daraus?

Ebenso wie die Bewohner von Washington D. C. in »Minority Report« in einer grotesken Ergebenheit es über sich ergehen lassen, dass Roboterspinnen in ihre Wohnung eindringen, ihnen die Augenlider hochziehen und die Iris abscannen, so wird man bei uns in Zukunft erst die TrackingApp zulassen, dann den digitalen Immunitätsausweis, und zuletzt freudig danach verlangen, dass uns jemand eine Nadel in den Arm sticht und eine mobile Wanze einsetzt, die alle Bewegungen überwacht. Ein Chip-implantierbares Überwachungssystem für Kühe gibt es bereits. Erfunden von der jungen Uruguayerin Viktoria Alonsoperez, die sich als prominente Unterstützerin bei dem globalen Projekt »The great reset« hervorgetan hat.[40]

Wir dürfen gewiss sein: Chips und Substanzen in unserer Blutlaufbahn, mit denen wir stets geortet werden können, biometrische Identifizierung und verhaltenskontrollierende Technologien, die auch Bewusstseinskontrolle implizieren (alles zur Risikominimierung unseres Zusammenlebens!), werden wir für so selbstverständlich halten, wie es derzeit schon die Menschen in China tun.

Und dies alles wird geschehen unter dem Leitspruch: »Build a better world«.

Für eine Welt ohne Verbrechen. Für eine Welt ohne Chaos. Ohne Klimakatastrophen. Ohne Krankheit. Ohne Fehler.

Für eine Welt ohne Freiheit?

Denn es ist so: Freiheit erlaubt, Fehler zu machen. In der Freiheit sind Fehler leider vorprogrammiert. Sie gehören zum Leben, genauso wie der Tod zum Leben gehört. Ebenso das Leiden. Fehlerfreiheit ist nur in geschlossenen, totalitären Systemen möglich.

Aber das ist, wie wir an anderer Stelle bereits bemerkt haben, ein Eingeständnis an die menschliche Natur, das heutzutage moralisch nicht mehr zu rechtfertigen ist. Wer also Fehler macht, macht sich schuldig.

Wie heißt es in »Die Braut von Messina«?

*Das Leben ist der Güter höchstes nicht,*
*Der Übel größtes aber ist die Schuld.*

Diese zweite Zeile in Schillers Drama wird meistens unterschlagen, wenn von seinem Verdikt die Rede ist. Dabei ist diese Zeile wegweisend: Eine *Menschheit,* die, weil sie Gott aus dem irdischen Paradies vertrieben hat, an die Vergebung der Sünden nicht glaubt, ja nicht einmal an die Sünden, glaubt umso inständiger ans Schuldig-Werden. Schuldig zu werden allerdings, ohne metaphysisches Erlösungsangebot, ist für den modernen Menschen so etwas wie ein langsamer Erstickungstod. In seiner Angst davor unternimmt er alles, der Schuld zuvorzukommen.

Doch die Angst vor der Schuld führt in die selbstverschuldete Unfreiheit.

Und so müssen wir Schillers Verse ergänzen und sagen: Schuld annehmen zu können ist der Güter höchstes.

Wenn das nicht gelingt, müssen wir bereit sein, die dystopische Idee eines totalen Staates und totaler Kontrolle des Menschen zu ertragen und zu erleiden. Es versteht sich von selbst, dass dabei auf Tugenden wie individuelle Freiheit und Demokratie keine Rücksicht genommen werden kann.

Hören wir zum Schluss noch einmal Hannah Arendt:

> *Sollte sich herausstellen, dass Erkennen und Denken nichts mehr miteinander zu tun haben, dass wir erheblich mehr erkennen und daher auch herstellen können, als wir denkend zu verstehen vermögen, so würden wir wirklich uns selbst gleichsam in die Falle gegangen sein, bzw. die Sklaven – zwar nicht, wie man gemeinhin glaubt, unserer Maschinen, aber – unseres eigenen Erkenntnisvermögens geworden sein, von allem Geist und allen guten Geistern verlassene Kreaturen, die sich hilflos jedem*

*Apparat ausgeliefert sehen, den sie überhaupt nur herstellen können, ganz gleich wie verrückt oder wie mörderisch er sich auswirken möge.*[41]

Präventivdiktatur, Überwachungsstaat, Eliminierung des freien Willens – wollen wir das wirklich?

Im Grunde will das niemand.

Und dennoch geschieht es. Und niemand bemerkt es. Solange wir ungestört konsumieren können.

Nie war es einfacher gut zu sein. Und billiger. Durch Lutschen von Fruchtgummi – oh, wie schön ist diese Welt!

Unternehmen wir alles, damit der Traum von der Menscheitsrettung nicht zum Alptraum wird.

Tragen wir Sorge dafür, dass die Banalität des Guten am Ende nicht die des Bösen übertrifft. Am besten noch bevor ein vorausschauender und allwissender Algorithmus entscheidet, dass wir selbst (als Spezies) erst isoliert und dann eliminiert werden müssen.

Wer Augen hat, der sehe. Wer Ohren hat, der höre. Achten wir auf die Zeichen der Zeit.

Kannst du es sehen?

»Minority Report« ist auch eine Parabel über das Sehen.

Es ist ein eindringlicher Appell, seine Augen, seine eigenen Sinne, seinen eigenen Verstand zu betätigen.

Den *gesunden Menschenverstand.*

# Anmerkungen

1 Arendt, Hannah: »Elemente und Ursprünge totaler Herrschaft«, Piper Verlag München, 11. Auflage 2006, ungekürzte Taschenbuchausgabe, S. 745
2 ebd., S. 802
3 ebd., S. 747
4 ebd., S. 679
5 ebd., S. 679
6 ebd., S. 681
7 bd., S. 806
8 ebd., S. 734
9 ebd., S. 940
10 ebd., S. 948
11 ebd., S. 939
12 ebd., S. 680
13 ebd., S. 867
14 Sehr schön nachzulesen bei Sieferle, Rolf Peter: »Epochenwechsel. Die Deutschen an der Schwelle zum 21. Jahrhundert«, Landt Verlag, Berlin 2017
15 Arendt, Hannah: »Elemente und Ursprünge«, S. 694
16 ebd., S. 907

17 www.youtube.com/watch?v=eFLYorcsBGQ

18 Arendt, Hannah: »Elemente und Ursprünge«, S. 942

19 covidinfos.net/covid19/la-lettre-dun-praticien-hospitalier-adressee-au-ministere-de-la-sante-denonce-une arnaque-sanitaire/604/

20 fragdenstaat.de/dokumente/4123-wie-wir-covid-19-unter-kontrolle-bekommen/

21 www.erlebnisfabrik.de/erlebnis-kategorie/top-erlebnisse/die-besten-geschenkgutscheine-erlebnisse-in-dresden/

22 Der Hannah-Arendt-Kenner und Betreiber eines Hannah-Arendt-Blogs Boris Blaha hat zu diesem Thema eine sehr anschauliche Betrachtung geschrieben, in: www.hannah-arendt.de/2020/02/du-sollst-nicht-erfahren/

23 Arendt, Hannah: »Vita activa oder Vom tätigen Leben«, Piper Verlag München, 5. Auflage Januar 2007, Taschenbuchsonderausgabe, S. 72

24 www.globalcitizen.org/de/connect/togetherathome/

25 Arendt, Hannah: »Elemente und Ursprünge«, S. 971

26 Arendt, Hannah: »Vita activa«, S. 11

27 Arendt, Hannah: »Vita activa«, S. 10

28 www.youtube.com/watch?v=Ujok4sF7eys

29 www.katjes.de/nachhaltigkeit.html

30 Flaig, Egon: »Zwangsverwaltung? – Zwölf Corona-Meditationen«, in: »Cato, Magazin für neue Sachlichkeit«, Ausgabe Nr. 4, 2020,

31 www.peta.de/speziesismus

32 Arendt, Hannah: »Der archimedische Punkt«, in: »In der Gegenwart. Übungen im politischen Denken II«, hrsg. von Ursula Lutz, Piper Verlag München, 2000, S. 396

33 Arendt, Hannah: »Elemente und Ursprünge«, S. 679

34 Arendt, Hannah: »Die Ausrottung der Juden« (1942), aus: »Vor Antisemitismus ist man nur noch auf dem Monde sicher. Beiträge für die deutsch-jüdische Emigrantenzeitung ›Aufbau‹ 1941 – 1945«. Herausgegeben von Marie Luise Knott, Piper Verlag, München 2000, dies aus: »Hannah Arendt: Denken ohne Geländer, Texte und Briefe«, herausgegeben von Heidi Bohnet und Klaus Stadler, Lizenzausgabe für die Bundeszentrale für politische Bildung, Bonn 2006, S. 140

35 Arendt, Hannah: »Elemente und Ursprünge«, S. 940

36 www.dasfilmfeuilleton.de/minority-report-kritik

37 www.artechock.de/film/text/kritik/m/mirepo.htm

38 kenfm.de/die-corona-pandemie-2020-der-testfall-fuer-das-geschaeftsmodell-infektionskrankheiten-tagesdosis-2-6-2020

39 www.who.int/news-room/detail/11-03-2019-who-launches-new-global-influenza-strategy

40 www.youtube.com/watch?v=HQNHV28rdQ8

41 Arendt, Hannah: »Vita activa«, S. 11

## Biographie

Eva Rex, 1969 in Katowice / Polen geboren, studierte in Berlin und Leipzig Slavistik, Geschichte und Literaturwissenschaft. Seit 1999 lebt sie in Dresden und war in den Jahren 2004 und 2013 Stipendiatin der Kulturstiftung des Freistaates Sachsen. Neben ihrer schriftstellerischen Tätigkeit ist sie als Familienhelferin tätig.

## Bibliographie

*Das Haus in Ceriana. Reisenovellen,* Verlag Josefine Rosalski, Edition Karo, Berlin 2012
*Huta Ferrum. Roman,* Engelsdorfer Verlag, Leipzig 2019

Mehrere Veröffentlichungen im Tumult-Blog (tumult-magazin.net)